Q&A

事例にみる医療・介護事業者の
『営業経費』の税務判断

清文社

はじめに

　「税は国家なり。」という言葉を耳にしました。どこかで似たような言葉を聞いたなと思った方も多いのではないでしょうか。世界史の授業で出てきたフランスの王様、ルイ十四世が高らかに宣言した「朕は国家なり。」からきています。

　確かに、2020年のオリンピックも、築地市場を豊洲に移転するのも税金があってこそ。恩恵にあずかる国民としての私たちは、税金に敬意を表しているところです。一方、個人事業者やサラリーマンである私たちは、朝まだ暗いうちから仕事の準備をし、あるいは深夜まで汗をかいて、言葉に尽くせない苦労をして生活費を手にしますが、その中から税金が差し引かれ、毎月切なさを感じております。

　財務省の財布の中を覗いてみました。税金の内訳明細では、所得税や法人税などの直接税が約71％を占めており、約55％程度の欧州各国より格段に高い比率でした。他の国では米国の約77％があるくらいです。日本の所得税率は、収入金額が高いほど税率が高くなる累進税率ですから、私たち庶民の節税策は所得金額をできるだけ少なくすることにつきます。

　世の中、長生きの方がどんどん増えて、65歳は年寄りではない時代がやってきます。元気なうちは、年齢にこだわらずに、働いて生きがいとポケットマネーを稼ぐ時代です。高齢の働き手が増えると、病院や介護施設といった福祉関連事業が発展します。介護や治療をプロフェッショナルに任せて、元気な高齢者が働く時代は案外幸福な時代なのかもしれません。

　本書の出版は、時代の要請をいち早くキャッチした出版のプロからの依頼を受けて実現に至ったものです。医療や介護といった事業者にとって、

課税所得の計算上最も悩ましい事業に係る必要経費の取扱いを、所得税と法人税の調査実務を経験した後、納税者から申立て又は提起のあった税務争訟を取り扱う部署や国際を含む多くの法人に係る税務上の問題点を取り上げる部署のほか税務調査の担当官等を養成するための教育機関である税務大学校で経験を積んだ筆者二名が、それぞれの視点からQ&A形式でまとめたものです。

　本書はまず、第1章において、医療・介護事業者の税務に関する一般論を個人・法人それぞれの観点から述べ、それを受け第2章では個人事業者に係る必要経費の基本的な考え方から裁決事例に基づくQ&Aを、さらには第3章において法人に係る営業経費の損金性についてのQ&Aを掲載し、汎用性の高い項目についてわかりやすく解説しています。

　ぜひ、経理を担当する皆様の事務机のかたわらに加えていただければと思います。

　本書の出版に当たりましては、清文社の東海林良氏並びに藤本優子氏の両名から、多大なご支援をいただきました。厚く御礼を申し上げます。

2017年1月

税理士　佐藤　謙一

税理士　遠藤　克博

目 次

第1章 医療・介護事業者の税務

1 個人で病院や介護事業等を営む者並びに法人の理事又は役員個人に係る税務
（1）所得税法における「所得」とその計算……………………………………3
（2）各種所得の金額の計算……………………………………………………6
（3）課税標準の計算……………………………………………………………8
（4）課税所得金額の計算………………………………………………………17
（5）税額計算……………………………………………………………………20
（6）事業所得金額の計算………………………………………………………29

2 病院・介護事業法人の税務
（1）医療法人にはどのような類型があるか…………………………………35
（2）公益法人に対する課税制度………………………………………………39
（3）営業経費の損金性…………………………………………………………40
（4）医療法人や介護事業法人に関係する営業経費の損金不算入規定……45

第2章 Q&A 個人事業者に係る必要経費

【事業所得に係る必要経費の基本的な考え方】

Q1 事業所得に係る必要経費として認められるか否かの判断はどのように考えたらいいのでしょうか？……………………………………53

Q2 医師会などへの入会金や会費は必要経費になりますか？…………58

Q3 ロータリークラブの入会金及び会費は必要経費になりますか？…62

Q4 私は、自ら診療所を営むと同時に勤務医として複数の病院に勤務して給与所得を得ています。今回、給与を受けている学校法人に対して贈答品（お歳暮）を購入しましたが、この購入費用は必要経費（接待交際費）として処理してよろしいでしょうか。なお、贈答先の学校法人は予防接種の実施先でもあります。……65

Q5 私は診療所を営む医師です。患者の受入れなど普段からお世話になっている同業の医師にお中元・お歳暮を贈りましたが、この購入費用は経費として処理できますか。……………………68

【家事費と家事関連費についての理解】

Q6 所得税ではよく家事費や家事関連費という用語を耳にしますが、これらはどのようなものですか？そして、これらの費用は事業所得に係る必要経費とどのように関わってくるのでしょうか？……………………………………………………………………70

Q7 内科の診療所を営んでいますが、出身大学同窓会の会費等は、事業所得に係る必要経費として処理しても問題ありませんか？…74

Q8 市の歯科医師会等に支払う福祉共済年度金、共済金及び福祉共済負担金は、事業所得に係る必要経費として処理しても問題ありませんか？………………………………………………………………76

Q9 政治家の政経セミナー会券代・講演会会費、議員への当選祝い等の取扱いについて教えてください。……………………………78

Q10 私は、自ら歯科診療所を開設する前から「博士（歯科）」の学位取得のために特別研究生として大学に在籍しています。この場合、大学に支払う学費は事業所得に係る必要経費に算入できるでしょうか？………………………………………………………80

【措置法26条の適用について】

Q11 社会保険診療報酬に係る概算経費率とは何ですか？…………83

Q12 自由診療収入に係る固有の経費とされるものにはどのようなものがありますか？……………………………………………………86

【青色事業専従者給与等について】

Q13 医業を営む青色申告者ですが、患者数も増えてきたので妻に手伝ってもらいその対価として青色事業専従者給与を支払いたいと考えています。その場合の手続き等を教えてください。……88

Q14 青色事業専従者に対する給与支払額を決定するとき、どのような点に注意すればいいでしょうか？………………………………92

Q15 内科の診療所を営む者ですが、従業員であった母親の死亡に伴って支出した弔慰金及び香典は必要経費になりますか？なお、当診療所では弔慰金の支払いに関する規定はありません。……97

【その他】
- **Q16** 学会の費用は必要経費になりますか？ …………… 100
- **Q17** 当方の不注意で患者さんから損害賠償請求されました。医師賠償責任保険に個人加入していますが、支払った保険料や損害賠償金は必要経費になりますか？ …………… 101
- **Q18** 外注先Aの従業員（歯科技工士等）に対して、勤務時間外に実施した研修等に参加した謝礼として支払った金品は交際費とすることはできますか？ …………… 105

第3章　Q&A　法人の営業経費の損金性

- **（前提）** 医療法人には3つの類型があるのですか？ …………… 110

【法人の営業経費の損金性】
- **Q1** 営業経費とはどのような費用を指すのですか？ …………… 115
- **Q2** 医療法人は普通法人と税法上別な取扱いを受けるのですか？ … 118
- **Q3** 医療法人等が計上する営業経費のうち損金不算入とされるものは何ですか？ …………… 119
- **Q4** 営業経費の中で損金にならない場合、全額損金にならないのですか？ …………… 121

【理事等の報酬について留意すべき事項】
- **Q5** 医療法人等の非営利法人の役員給与で損金不算入とされるものはありますか？ …………… 125
- **Q6** 理事長の給与を月額1,200万円としても問題はないですか？ … 129

【医療法人・介護事業、公益法人の交際費】
- **Q7** 交際費の損金算入の課否判定の時期は接待等の行為があった日でいいですか？ …………… 132
- **Q8** 交際費の支払いを肩代わりすると何か問題はありますか？ … 136

【租税公課】
- **Q9** 税金には損金になるものと損金不算入のものがあるのですか？ … 139

【理事や社員の子息の学資金】
- **Q10** 理事長の長男の学資金を医療法人が負担してもいいですか？ … 141
- **Q11** 医院経営者の医大生である息子夫婦に支払った給与 …………… 148

― 凡　例 ―

本書における法令等については、次の略称を使用しています。

法法‥‥‥‥‥‥‥法人税法
法令‥‥‥‥‥‥‥法人税法施行令
法規‥‥‥‥‥‥‥法人税法施行規則
法基通‥‥‥‥‥‥法人税基本通達
所法‥‥‥‥‥‥‥所得税法
所令‥‥‥‥‥‥‥所得税法施行令
所規‥‥‥‥‥‥‥所得税法施行規則
所基通‥‥‥‥‥‥所得税基本通達
措法‥‥‥‥‥‥‥租税特別措置法
措令‥‥‥‥‥‥‥租税特別措置法施行令
措規‥‥‥‥‥‥‥租税特別措置法施行規則
措通‥‥‥‥‥‥‥租税特別措置（基本・取扱）通達

※本書の内容は、平成28年12月1日現在の法令等に基づいています。

第1章

医療・介護事業者の税務

個人で病院や介護事業等を営む者並びに法人の理事又は役員個人に係る税務

> 医療法人の理事や介護事業法人の役員等の方であっても所得税に関する基本的な理解は必要です！

　所得税は、原則として個人が得た所得に課税される税金です。

　所得税は、個人で病院や介護事業を営む方が関係することはいうまでもありませんが、医療法人の理事の方や介護事業を法人組織で経営されている方であっても、同法人から受け取る給与のほかに、例えば、製薬会社等からの依頼に基づいて原稿を書かれ、その対価として原稿料を受け取った場合や複数の病院等から受け取る給与がある場合などには所得税の確定申告が必要となります。このほかにも、医療法人等から無償又は低額の家賃で社宅の提供を受けている場合などにも所得税は関係してきます。

　このように、所得税は、個人で病院や介護事業を営んでいる方だけに関係するものではありません。

　その意味では、所得税の基本的な仕組み等を理解することは、個人で病院や介護事業を営んでおられる方だけでなく、これらの事業を法人組織によって営まれている方にとっても非常に重要であると考えます。

　したがって、以下では、まず所得税の基本的な仕組みについて解説することとします。

> 所得税の対象は1年間に新たに稼得した全ての経済的価値である「所得」から「非課税所得」を除外したものです。

(1) 所得税法における「所得」とその計算

❶所得とは

　所得税法では、その年の1月1日から12月31日までの期間に新たに稼得した経済的価値の全てが「所得」として認識されます。このため、前述したように原稿料を受領した時はもちろんですが、医療法人等から無償で社宅の提供を受けている場合であっても、本来、負担すべき賃料を支払わず済んでおり、結果としてそれだけ「経済的利益」を受けているとみられ、これも所得と認定されることになります。

　このように、所得税法では、生活保護の給付や一定の要件の下で受け取る損害賠償金など社会政策的な配慮等から課税対象としないもの（これを「非課税所得」といいます。）を除いて、個人が得た1年間の経済的利益を含めた全ての経済的価値を所得の対象として計算することとされています。

❷非課税所得

　それでは、所得税の課税の対象から除かれる「非課税所得」には、どのようなものがあるのでしょうか。

　「非課税所得」とされる主なものをその趣旨に基づいて分類すると、次のようになります。

非課税の趣旨	非課税とされる所得
少額免除又は貯蓄奨励等に基づくもの	・障害者等の少額預金利子等 ・勤労者財産形成住宅貯蓄等の利子　など
実費弁償的な性格のもの	・給与所得者の出張旅費及び通勤費（一定の限度額あり） ・給与所得者が受ける職務上必要な現物給与　など
社会的政策的配慮に基づくもの	・傷病賜金、遺族恩給・遺族年金等 ・介護保険や健康保険の保険給付 ・学費に充てるためなどに受ける金品 ・心身に加えられた損害等に基因して受ける損害賠償金等 ・雇用保険法の失業給付 ・生活保護の給付　など
二重課税の防止に基づくもの	・相続、遺贈又は個人からの贈与により取得するもの
その他	・文化功労者年金、学術奨励金、ノーベル賞の賞金 ・オリンピック又はパラリンピックにおける成績優秀者に交付される金品　など

❸所得税額算出までの基本的な流れ

　このような「非課税所得」を除外した後、所得税額は具体的にどのようにして計算されるのでしょうか。

　1年間に生じた所得とそれに係る所得税額は、おおむね次の順序で計算が行われます。

（イ）　各種所得の金額の計算

　人が得た何らかの収入を、所得税法では、10種類の所得に区分して、それぞれの所得の金額を計算します。

（ロ）　課税標準の計算

　課税標準とは、課税物件を金額や数量で表したもので、税率を適用して税額を算出するための基礎となる数値をいいます。所得税の場合は「所得」です。

この所得金額の計算にあたっては、ある所得の計算において損失（赤字）が出た場合や前年からの損失がある場合には、一定の要件の下で、これらの損失を他の所得から控除して先の10種類の所得は、後述する総所得金額、退職所得金額及び山林所得金額にまとめられます。

（ハ）課税所得金額の計算

　所得税法では、上記（ロ）の課税標準としての総所得金額等から後述する「所得控除」を控除した後の金額は、課税総所得金額、課税退職所得金額及び課税山林所得金額と呼ばれます。

（ニ）税額計算

　（ハ）で算出された課税総所得金額等に累進税率（又は比例税率）を適用して算出税額を計算することになります。

　なお、算出税額から後述する配当控除や住宅借入金等特別控除などの「税額控除」がある場合には、これらを控除して最終的に納付すべき所得税額を計算することになります。

　この流れに沿って、以下説明していきます。

> 所得税は、法人税における所得計算と異なり、収入の発生形態やその性質等に応じて10種類の所得に分類して、各種所得ごとに所得金額の計算を行います。

(2) 各種所得の金額の計算

　所得税法では、その年の1月1日から12月31日までの1年間に生じたあらゆる収入を、まず、発生形態やその性質に応じて下記の10種類に分類されます。

　そのうえで、各所得区分ごとに所得の金額を計算することとされています（所得の種類によって所得金額の計算方法が異なります。）。

　これは、所得税法が、基本的に、所得（金額）の大きさを所得税を納める指標としているものの、同じ大きさの所得であっても所得の発生原因（土地や建物などの資産を運用して得た所得か、勤労によって得た所得かなど）や発生形態（毎年繰り返し発生する所得か、臨時的に発生する所得かなど）によって、いわゆる税金を納める力（これを「担税力」といいます。）が異なるという考え方に立っているからにほかなりません。

〈所得の種類とその計算方法〉

種類	内容	所得金額の計算方法
利子所得	公社債・預貯金の利子、合同運用信託の収益の分配金などから生ずる所得	利子所得の金額＝収入金額
配当所得	法人から受ける剰余金の配当、利益の配当、剰余金の分配などから生ずる所得	配当所得の金額＝収入金額－元本取得に要した負債の利子の額
不動産所得	土地や建物などの不動産等の貸付けから生ずる所得	不動産所得の金額＝総収入金額－必要経費
事業所得	病院や診療所、介護などの事業から生ずる所得	事業所得の金額＝総収入金額－必要経費
給与所得	給料、賃金、賞与などの所得	給与所得の金額＝収入金額－給与所得控除額(注1)
退職所得	退職手当、一時恩給などの所得	退職所得の金額＝（収入金額－退職所得控除額）×$\frac{1}{2}$(注2)
山林所得	山林の伐採又は譲渡による所得	山林所得の金額＝（総収入金額－必要経費）－特別控除額
譲渡所得(注3、4)	土地、建物、絵画、ゴルフ会員権などを売った場合の所得	譲渡所得の金額＝（総収入金額－資産の取得費・譲渡費用）－特別控除額
一時所得(注3)	クイズの賞金、競馬の馬券の払戻金、生命保険契約の一時金などの一時的な所得	一時所得の金額＝（総収入金額－その収入を得るために支出した金額）－特別控除額
雑所得	年金、恩給など	公的年金等の雑所得の金額＝公的年金等の収入金額－公的年金等控除額
	貸金の利子（貸金を業とする場合を除きます）などの上記所得に当てはまらない所得	公的年金等以外の雑所得の金額＝総収入金額－必用経費

（注1）給与所得が勤務に直接必要な特定の支出の合計額が給与所得控除額を超える場合などには、特例として特定支出控除制度があります。
（注2）法人の取締役等としての勤続年数が5年以下でそれに対応する退職手当等には$\frac{1}{2}$課税の適用はありません。
（注3）譲渡所得には、短期譲渡所得と長期譲渡所得があります。
（注4）長期譲渡所得の金額と一時所得の金額については、その金額の$\frac{1}{2}$が総所得金額に算入されます。

> 所得税法では、各種所得を合算して「総所得金額」等を計算しますが、その際、損失が生じた所得がある場合はそれを考慮して最終的な所得税額を計算します。また、政策上の理由等から土地等の譲渡等に係る所得を「総所得金額」に含めないで、別途、所得税額の計算をするものもあります。

(3) 課税標準の計算

　所得税法は、上記（2）の各種所得ごとにその所得金額を計算したうえで、これを合算して「総所得金額」と「退職所得金額」及び「山林所得金額」に区分して計算する仕組みを採用しています（所法22①）。

　このように区分するのは、退職所得の場合、長年の勤労の対価の後払いないし退職後の生活の資に充てられるという性格・特性を有していることから、他の所得と分離して計算することで税負担の軽減が図られるようにするためです。また、山林所得についても、長期にわたって発生した所得が、山林の伐採又は譲渡により一時に実現する所得であることから、その特性を考慮して、他の所得とは分離して税額計算を行い、所得税の超過累進税率の適用が緩和されるようにされています。

　ところで、特定の所得（土地や建物等の譲渡による所得等）については、租税特別措置法という法律によって、政策的な見地等から各種の特例（申告分離課税）を設けて、上記総所得金額に含めないで分離して各別に課税するということとしています。具体的には、①分離課税の短期譲渡所得の金額、②分離課税の長期譲渡所得の金額、③分離課税の上場株式等に係る配当所得の金額、④株式等に係る譲渡所得の金額、⑤先物取引に係る雑所得等の金額（以下、これらを本書では便宜上「分離課税の所得金額」ということにします。）です。

　以上の所得税の課税標準である「総所得金額」、「退職所得金額」、「山林所得金額」及び「分離課税の所得金額」は〔図1〕（10～11頁）のとおりです。

具体的にみていきましょう。

❶ 総所得金額

総所得金額は、10種類の所得のうち、〔図1〕(10〜11頁)の①から⑧までの所得が対象で、⑥の譲渡所得の金額と⑦の一時所得の金額は、他の所得の金額と単純に合計せず、⑥の譲渡所得の金額(長期)と⑦の一時所得の金額の合計額に$\frac{1}{2}$を乗じた後の金額を他の所得と合計して課税することになっています。

これは、譲渡所得が、一般に資産の長期保有により発生したいわゆるキャピタルゲインであり、資産の譲渡により一時に実現するものであること(したがって、所有期間が5年以内に譲渡されるもの(短期譲渡所得)はこの対象にはなりません。)、また、一時所得も一般に臨時的に発生するものであることから、これらの所得をそのまま他の所得と総合して所得税の超過累進税率を適用すると税負担が重くなるという理由によるものです。

❷ 退職所得金額と山林所得金額

⑨退職所得金額と⑩山林所得金額を総所得金額と区分して課税される理由は前述したとおりです。

❸ 損益通算

ところで、所得の種類ごとに所得の金額を計算した結果、ある所得の金額に損失が生じた場合はどのようにすればいいのでしょうか。

所得税法では、各種所得のうち、不動産所得の金額、事業所得の金額、譲渡所得の金額(分離課税とされるものを除きます。)又は山林所得の金額の計算において損失(赤字)が生じた場合には、一定の順序によって、当該損失を他の所得から控除するとされています。これを「損益通算」といいます。

一定の順序とは、総所得金額を経常的に発生する所得(利子所得、配当所得、不動産所得、事業所得、給与所得、雑所得の「経常グループ」)と、臨時的に発生する所得(譲渡所得、一時所得の「臨時グループ」)に区分して、第1次通算、第2次通算、第3次通算の順序で通算します。

〔図1〕所得税の課税標準と税額計算の仕組み

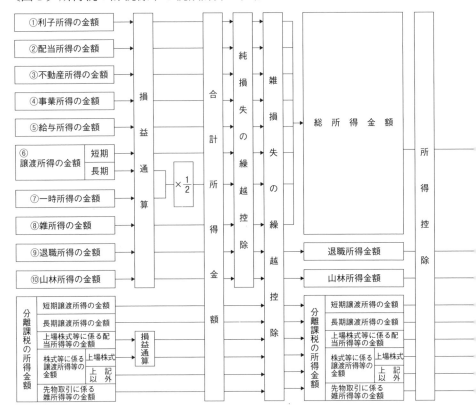

1 個人で病院や介護事業等を営む者並びに法人の理事又は役員個人に係る税務

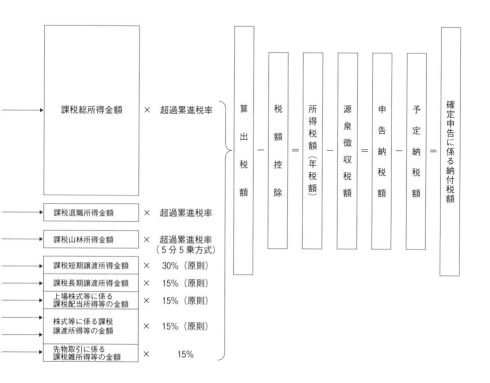

11

その概要は〔図２〕のとおりです。

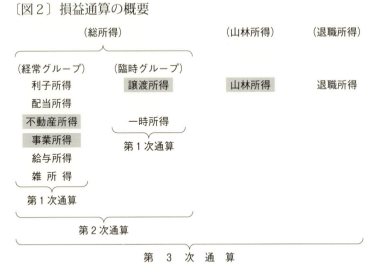

〔図２〕損益通算の概要

（注）　　　で囲んだ所得は、原則として、その生じた損失を他の所得と損益通算できる所得です。

注意すべき点を各通算段階でみてみましょう。

（イ）第１次通算段階

　不動産所得の金額又は事業所得の金額の計算において損失が生じた場合には、まず他の利子所得の金額などの経常グループ内の所得で損益通算します。

　また、譲渡所得の金額（分離課税の対象となるものを除きます。）の計算において損失が生じた場合には、一時所得の金額と損益通算しますが、この場合、先に示した「所得税の課税標準〔図１〕」からも明らかなように２分の１をする前の金額であることに注意が必要です。

（ロ）第２次通算段階

　第１次通算のうち、経常グループ内で損益通算を行ってもなお控除しきれない損失がある場合には、譲渡所得の金額及び一時所得の金額（臨時グ

ループ内で損益通算を行った後のもの）から順次控除することになりますが、譲渡所得の金額の中に、短期と長期のものがある場合には、短期譲渡所得の金額から控除することになります。

　また、臨時グループ内で損益通算を行っても控除しきれない損失がある場合には、経常グループの所得金額から控除することになります。

(ハ) 第3次通算段階

　第1次通算及び同2次通算で損益通算を行っても控除しきれない損失がある場合には、これをまず山林所得の金額から控除します。しかし、それでも控除しきれない損失の金額がある場合には、退職所得の金額から控除することになります。

　ところで、山林所得の金額の計算において生じた損失がある場合には、まず経常グループの所得（損益通算を行った後にもの）から控除し、それでも控除しきれない場合には臨時グループの所得（損益通算を行った後のもの）から順次控除することになります。この場合、譲渡所得の金額の中に、短期と長期のものがある場合には、まず短期譲渡所得の金額から控除することになります。それでも控除しきれない損失の金額がある場合には、退職所得の金額から控除します。

　このように、所得税の計算に当たって、各種所得金額の結果、損失が生じた場合には定められた順序で他の所得から控除することとされているのです。

❹純損失の繰越控除

　ところで、所得税法は、不動産所得の金額、事業所得の金額、山林所得の金額又は譲渡所得の金額の計算において生じた損失があり、上記❸の損益通算を行ってもなお控除しきれない金額（以下「純損失の金額」といいます。）がある場合も規定を設けています。具体的には、純損失の金額を翌年以後の3年以内の各年分の所得金額から控除するというものです。これを純損失の繰越控除といいます。

しかし、この純損失の繰越控除は、後述する青色申告の場合といわゆる白色申告の場合とでは、控除できる純損失の金額に違いがあるので注意が必要です。

また、この適用を受けるための手続要件も定めています。

以上のほか、損失の繰越控除には「雑損失の繰越控除」というものもあります。

❺雑損失の繰越控除

「雑損控除」とは、後述する所得控除の1つですが、その年分の所得金額からこの「雑損控除」を控除できなかった部分の金額（以下「雑損失の金額」といいます。）があるときは、その損失が生じた年の翌年から3年以内の各年分の総所得金額等から控除するというものです。

この適用を受ける場合には、その生じた年分に確定申告書を提出しているなどの要件を満たすことが必要になります。

❻分離課税の所得金額等

（イ）分離課税の所得金額

これまで、所得税法が規定する10種類の各種所得の金額及びその課税標準である「総所得金額」、「退職所得金額」及び「山林所得金額」の計算とこれらの所得金額の計算において生じた損失がある場合の損益通算について説明してきたところです。

しかし、所得金額とそれに係る所得税額の計算に当たっては、前述したように、租税特別措置法という法律によって各種の特例規定が設けられています。この特例規定には、所得税額の計算に当たり、上記総所得金額等とは分離して、それぞれの所得ごとに税額を算出する前述した「申告分離課税」と、同じように他の所得と分離するが、一定の税率による源泉徴収を行うことにより課税が完結する「源泉分離課税」に分けることができます。

先の「〔図1〕所得税の課税標準と税額計算の仕組み」の「分離課税の所得金額」として掲げた各所得は、前者の申告分離課税という方式を採用

しているものです。

なお、これら分離課税の所得間での損益通算や前述した純損失の繰越控除は原則認められません。

(ロ) 源泉分離課税

一方、源泉分離課税の場合は、他の所得と分離して、一定税率による源泉徴収を行うことにより課税が完結します。したがって、確定申告とそれに係る納税の手続きを行う必要はありません（このため〔図１〕（10頁～11頁）には記載されていません。）。

このような源泉分離課税の方法が採用されている主な所得には、次の所得があります。

ⅰ　利子所得

利子所得に対する課税方法は、他の所得と総合して課税するのが所得税法の建前ですが、租税特別措置法によって、他の所得と区分して、その支払を受けるべき金額に対して、15％（ほかに復興特別所得税0.315％、地方税５％）の税率により所得税が源泉徴収され、納税が完結します。

ⅱ　金融類似商品の収益等

懸賞金付預金等の懸賞金等、金投資（貯蓄）口座の差益、外貨投資口座等の差益、一時払い保険の差益などの金融類似商品の収益等については、他の所得と区分して、15％（ほかに復興特別所得税0.315％、地方税５％）の所得税が源泉徴収され、納税が完結します。

(ハ) 確定申告不要な配当所得

以上のほか、配当所得は、他の所得と合算して課税するのが所得税法の

建前ですが、次の配当等については、源泉徴収された後、申告するかしないかを選択することができるものもあります。
  i　内国法人から1回に支払いを受ける配当等の金額が10万円以下（配当計算期間が1年の場合）のもの
  ii　大口株主等(注)以上の者が受ける上場株式等の配当等
  （注）大口株主等とは、発行済株式の総数又は出資総数の3％以上所有している者をいいます。

> 所得税額は、総所得金額等から「所得控除」の額を差し引いて算出される課税総所得金額等に税率を適用して計算されます。

(4) 課税所得金額の計算

　所得税額は、課税標準である総所得金額、退職所得金額、山林所得金額及び分離課税の所得金額から各種の「所得控除」を差し引いて課税総所得金額等を算出し、この課税総所得金額等に税率を適用して算出税額を求めることになります。

　この所得控除は、納税者本人やその扶養親族の世帯構成に対する配慮やその他納税者の個人的事情に合った負担の実現のほか社会政策上の要請などの趣旨の基づき設けられているもので、14種類（18～19頁参照）あります。

　なお、配偶者控除と配偶者特別控除については、現在、所得税改革の一環として、その控除額等の議論がされているところです。したがって、次の表記載の控除額は平成28年分の確定申告を前提に記載してあります。

　ところで、このような所得控除の控除すべき順序について、所得税法は、雑損控除を他の所得控除と区分して最初に所得金額から差し引き、それ以外の所得控除については同順位となっています。

〈所得控除の種類とその内容並びに控除額〉

所得控除の種類	内容	控除額
雑損控除	生活に通常必要な資産について、災害、盗難又は横領によって損害を受けた場合や災害に関連してやむを得ず支出した場合	災害関連支出の金額の有無によって控除額を計算
医療費控除	自己又は自己と生計を一にする配偶者その他の親族の医療費を支払った場合	(支払った医療費－保険金で補てんされる金額)－(10万円又は総所得金額等の合計額×5％のうちいずれか低い額)(最高200万円)
社会保険料控除	健康保険料等の社会保険料を支払った場合又は給与から控除される場合	支払った金額又は控除される金額
小規模企業共済等掛金控除	小規模企業共済等掛金を支払った場合	掛金が対象
生命保険料控除	生命保険料、介護医療保険料又は個人年金保険料を支払った場合	契約時期や契約内容等により計算
地震保険料控除	地震等により生じた損失を補てんする保険金等が支払われる損害保険契約等に係る保険料又は掛金	地震保険料と長期損害保険料の金額等に応じて計算
寄附金控除	2千円を超える特定寄附金(注1)を支出した場合（いわゆる「ふるさと納税」もこれに該当します。）	特定寄附金の額の合計額と総所得金額等の40％のいずれか少ない金額から2千円を控除した金額
障害者控除	障害者である場合又は扶養親族等が障害者である場合	障害者1人につき27万円(特別障害者は40万円、同居特別障害者は75万円)

所得控除の種類	内容	控除額
寡婦(寡夫)控除	寡婦又は寡夫である場合	寡婦は27万円(特定寡婦(注2)は35万円)。寡夫は27万円
勤労学生控除	勤労学生(注3)である場合	27万円
配偶者控除※	控除対象配偶者(注4)を有する場合	38万円(老人控除対象配偶者は48万円)
配偶者特別控除※	生計を一にしている配偶者(ただし、合計所得金額が76万円未満の者)で控除対象配偶者に該当しない者を有する場合	配偶者の合計所得金額より控除額が決まります。
扶養控除	控除対象扶養親族(注5)を有する場合	・一般の扶養親族(16歳以上18歳以下、23歳以上69歳以下)は38万円 ・特定扶養親族(19歳以上22歳以下)は63万円 ・老人扶養親族(70歳以上)は同居の場合58万円、それ以外は48万円
基礎控除	一律に控除	38万円

※平成29年度税制改正において、見直しが行われます。
(注1) 特定寄附金とは、国又は地方公共団体に対する寄附などその対象先が定められているものに該当するものをいいます。
(注2) 特定寡婦とは、扶養親族である子を有し、合計所得金額が500万円以下である寡婦をいいます。
(注3) 勤労学生とは、自己の勤労に基づいた合計所得金額など一定の要件に該当することが必要です。
(注4) 控除対象配偶者とは、生計を一にするものであるのほか、合計所得金額が38万円以下であることが必要です(なお、老人控除対象配偶者はこの要件のほかに70歳以上の者であることが必要になります。)。
(注5) 控除対象扶養親族とは、扶養親族のうち16歳以上の者をいいます。

> 最終的に、確定申告において納める所得税額は、どのようにして計算されるのでしょうか。

（5）税額計算

所得税額は、要旨次のような順序で計算されます。

① 課税標準から所得控除した後の金額である課税総所得金額、課税退職所得金額、課税山林所得金額、及び分離課税による課税所得金額に超過累進税率（又は比例税率）を乗じて税額（これを「算出税額」といいます。）を求めます。

なお、平成25年分から同49年分までの各年分の所得について、所得税を納める人は、基準所得税（全ての所得に対する所得税額です。）に2.1％を乗じた復興特別所得税も併せて納めなければなりません。

② 上記算出税額から配当控除、住宅借入金等特別控除等の「税額控除」を行って、その年分の所得税額を求めます。

なお、確定申告により納付する所得税は、上記その年の所得税額から給与等の支払いの際に控除されていた源泉徴収税額や予定納税額があればこれらを控除した金額となります。

以上、順を追って説明していきます。

❶課税所得金額の区分とそれに対する算出税額

所得税額を計算するにあたっては、「〔図1〕所得税の課税標準と税額計算の仕組み（10～11頁）」から明らかなように各々の課税所得金額ごとに適用すべき「税率」も異なっています。

したがって、次のように課税所得金額を区分する必要があります。

(イ) 課税総所得金額と課税退職所得金額

　課税総所得金額及び課税退職所得金額に対する所得税額は、それぞれ次の「所得税の速算表」によって計算することができます。

〈所得税の速算表〉

平成27年分から		
課税される所得金額	税率	控除額
1,000円～ 1,949,000円	5％	0円
1,950,000円～ 3,299,000円	10％	97,500円
3,300,000円～ 6,949,000円	20％	427,500円
6,950,000円～ 8,999,000円	23％	636,000円
8,000,000円～17,999,000円	33％	1,536,000円
18,000,000円～39,999,000円	40％	2,796,000円
40,000,000円以上	45％	4,796,000円

(ロ) 課税山林所得金額

　課税山林所得金額に対する所得税額は、同金額の$\frac{1}{5}$に相当する金額を上記（イ）の「所得税の速算表」によって求めた金額を5倍して算出します（これを「5分5乗方式」といいます。）。

(ハ) 変動所得及び臨時所得の平均課税

　所得税法では、総所得金額のうちに次の変動所得及び臨時所得がある場合には、税負担の緩和を図るため、一定の要件の下、上記（イ）の課税総所得金額に超過累進税率を適用する方法によらないで、特別な税額計算（これを「変動所得及び臨時所得の平均課税」といいます。）の方法を認めています。

　ⅰ　変動所得と臨時所得

　　（ⅰ）変動所得

　　　　変動所得とは、事業所得又は雑所得のうち、自然現象やその他

の条件により年々の所得が変動する所得で、漁獲やはまちなどの養殖のほか、原稿や作曲に係る報酬、著作権の使用料に係る所得といいます。

（ⅱ）臨時所得

臨時所得とは、事業所得、不動産所得又は雑所得のうち、数年分の収入が一括して支払われる（臨時的な）所得で、プロ野球選手などの契約金で一定のもの、不動産等を3年以上の期間使用させることにより一時に受け取る権利金などで、その金額が年間使用料の2倍以上のもの（譲渡所得になるものを除きます。）などをいいます。

ⅱ 平均課税適用の要件

その年分に変動・臨時所得の金額があり、その合計額が総所得金額の20％以上である場合に適用できます。ただし、その年分の変動所得の金額が、前々年分及び前年分の変動所得の金額の合計額の$\frac{1}{2}$以下の場合は、臨時所得の金額だけが平均課税の対象になります。

ⅲ 平均課税の方法による税額の計算

平均課税の方法による課税総所得金額に対する所得税は、次の「調整所得金額」とそれに基づいて「特別所得金額」を求めて次のとおり計算されます。

（ⅰ）（課税総所得金額－平均課税対象金額[注]×$\frac{4}{5}$）＝調整所得金額（A）

ただし、課税総所得金額≦平均課税対象金額の場合には、課税総所得金額×$\frac{1}{5}$の金額

（ⅱ）課税総所得金額－調整所得金額＝特別所得金額（B）

（ⅲ）調整所得金額（A）×税率（速算表）＝調整所得金額に対する税額（C）

特別所得金額（B）×平均税率$\frac{(C)}{(A)}$＝特別所得金額に対する税額（D）

（ⅳ）調整所得金額に対する税額（C）＋特別所得金額に対する税額（D）

＝その年分の課税総所得金額に対する税額
　　（注）平均課税対象金額とは次の算式によって求められます。
　　　〔その年分の変動所得の金額－（前年分の変動所得の金額＋前々年分の変動所得の金額）×½〕＋その年分の臨時所得の金額

（二）分離課税による課税所得金額

　分離課税による課税所得金額には、次のものがあります。

i　分離課税の課税譲渡所得の金額
　（個人の不動産業者等の土地譲渡益に係る部分を除きます。）
（ⅰ）課税長期譲渡所得の金額
　　譲渡した年の1月1日において所有期間が5年を超える土地等又は建物等を譲渡した場合、その譲渡による譲渡所得の金額については、他の所得と区分して15％（ほかに復興特別所得税0.315％、地方税5％）の税率により課税されます。
　　上記土地等とは土地又は土地の上に存する権利をいい、建物等とは建物及びその付属設備もしくは構築物をいいます（（ⅱ）も同様です。）。
（ⅱ）課税短期譲渡所得の金額
　　譲渡した年の1月1日において所有期間が5年以下である土地等又は建物等を譲渡した場合、その譲渡による譲渡所得の金額については、他の所得と区分して30％（ほかに復興特別所得税0.63％、地方税9％）の税率により課税されます。

　これらのほか租税特別措置法では、土地建物等の分離譲渡所得において、居住用財産を譲渡した場合などの各種の特例が定められていますが、

本書ではこのような特例についての説明は省略します。

ⅱ 株式等に係る課税譲渡所得等の金額

　一般株式等の譲渡に係る事業所得、譲渡所得及び雑所得（営利を目的として継続的に取引される場合は事業所得又は雑所得となりますが、ここでは「譲渡所得等」とします。）については、他の所得を区分して、当該所得の金額に対して15％（ほかに復興特別所得税0.315％、地方税5％）の税率により所得税が課税されます。

　また、上場株式等を譲渡した場合も同様の税率によって課税されます。

　ところで、このような株式等の譲渡による譲渡所得等の金額の計算において損失が生じた場合には、その所得間（一般株式等の譲渡による損失であればその所得間）での損益通算することはできますが、平成28年1月1日以後は、一般株式等の譲渡所得等と上場株式等の譲渡所得等の間での損益通算はできないとされています。

　しかし、上場株式等の譲渡による損失の金額（上記損益通算適用後）は、上場株式等の配当所得の金額（申告分離課税を選択したものに限られます。）を限度として、当該年分の上場株式等に係る配当所得の金額から控除することができます。その後も、この上場株式等の譲渡による損失の金額がある場合には、一定の要件の下、翌年以降3年間繰り越して、翌年以降の上場株式等に係る譲渡所得の金額及び上場株式等に係る配当所得等の金額から控除できます。

なお、上場株式等を譲渡した場合の課税の特例には、ほかにも特定口座を開設して行う場合やいわゆるNISAなどもありますが、本書ではこのような特例についての説明は省略します。

ⅲ 上場株式等に係る課税配当所得等の金額

　前述したように、配当所得は他の所得と合算して課税するのが原則

ですが、平成21年1月1日以後に支払を受けるべき上場株式等の配当所得（大口株主等が支払を受けるものを除きます。）については、他の所得と区分して、その年中の上場株式等に係る配当所得の金額に15％（ほかに復興特別所得税0.315％、地方税5％）の税率による申告分離課税、上記総合課税又は前述した申告不要制度の三者から選択できます。

なお、申告分離課税を選択した場合は、後述する配当控除を適用することはできません。

iv 先物取引に係る課税雑所得等の金額

商品又は金融商品の先物取引等をし、かつ、その取引に係る決済（その商品等の引渡しが行われるものを除きます。）をした場合には、その先物取引による事業所得、譲渡所得及び雑所得の金額（以下ここでは「先物取引に係る雑所得等の金額」といいます。）については、他の所得と区分して15％（ほかに復興特別所得税0.315％、地方税5％）の税率により所得税が課税されます。

なお、この先物取引に係る雑所得等の金額の計算において損失が生じた場合には、その損失はなかったものとみなされますが、先物取引の差金等決済をしたことにより生じた損失については、一定の要件のもと翌年以降3年にわたり、先物取引に係る雑所得等の金額から差し引くことができます。

❷税額控除

所得税法では、上記❶によって計算された算出税額から、①法人税との二重課税の調整のための「配当控除」や②外国の法令により課せられた所得税との二重課税を調整するための「外国税額控除」などを控除することとされています。

このほか、持家取得増進制度の一環として「住宅借入金等特別控除」な

どが算出税額から控除できるようになっています。これらの控除は「税額控除」と呼ばれます。

ここでは税額控除のうち主なものをみていきます。

(イ) 配当控除

内国法人（国内に本店又は主たる事業所を有する法人をいいます。）から次に掲げる配当所得を有する場合には、算出税額から所定に計算に基づいて計算された金額を控除することになります。

i 配当控除の対象となる配当所得

対象となる配当所得	対象とならない配当所得
◦ 剰余金の配当 ◦ 利益の配当 ◦ 剰余金の分配 ◦ 証券投資信託の収益の分配 ◦ 金銭の分配 ◦ 特定株式投資信託の収益の分配 ◦ 一般外貨建等証券投資信託の収益の分配 など	◦ 外国法人から受ける配当（一定のものを除きます。） ◦ 基金利息 ◦ 特定受益証券発行信託の収益の分配 ◦ オープン型証券投資信託のうち、信託財産の元本の払戻し相当部分 ◦ 私募公社債等運用投資信託等の収益の分配 ◦ 国外私募公社債等運用投資信託等の配当等 ◦ 外国株価指数連動型特定株式投資信託の収益の分配 ◦ 特定外貨建等証券投資信託の収益の分配 ◦ 適格機関投資家私募信託の収益の分配 ◦ 特定目的信託の収益の分配 ◦ 特定目的会社から受ける配当 ◦ 投資法人から受ける配当 ◦ 確定申告をしないことを選択した配当 ◦ 申告分離課税を選択した上場株式等の配当 など

ii 配当控除の額

　配当控除の額は、課税総所得金額等が1,000万円以下か否かに区分するとともに、対象となる配当所得も①剰余金の配当、利益の配当、剰余金の分配及び特定株式投資信託の収益の分配と②特定証券投資信託の収益の分配に区分するなどして計算されます。

　なお、本書では、算出方法については説明を省略します。

(ロ) 外国税額控除

　外国税額控除は、国際的二重課税を防止するために、一定の金額を限度として、その年分の所得税額から控除するものです。

　平成29年分以降は次の算式により計算した控除限度額を限度として控除することができます。

$$\text{その年分の所得税額} \times \frac{\text{その年分の調整国外所得金額}^{(注2)}}{\text{その年分の所得総額}^{(注1)}} = \text{控除限度額}$$

(注1) 所得総額とは、純損失の繰越控除、雑損失の繰越控除等を適用しないで計算したその年分の総所得金額等の合計額をいいます。
(注2) 調整国外所得金額とは、純損失の繰越控除、雑損失の繰越控除等を適用しないで計算したその年分の国外所得をいいます。

〈参考〉

　平成28年分までは次の算式により計算した控除限度額を限度として控除することができるとされていました。

$$\text{その年分の所得税額} \times \frac{\text{その年分の国外所得総額}}{\text{その年分の所得総額}} = \text{控除限度額}$$

　なお、この外国税額控除の適用を受けるか否かは任意ですが、同控除の適用を受けない場合は、外国所得税の額をその年分の不動産所得の金額、事業所得の金額、山林所得の金額又は一時所得の金額の計算上必要経費等に算入することができます。

(ハ) 政党等寄附金特別控除

　　政党又は政治資金団体に寄附を行った場合で、政治資金規正法の規定による報告されたもの（政治資金規正法の規定に違反するもの等は除かれます。）は、選択により所得控除の寄附金控除に代えて、次の金額を算出税額から控除できます（その年分の所得税額の25％相当額が限度となります。）。

> 政党等寄附金特別控除額（100円未満端数切捨て）
> ＝（その年中に支出した政党等に対する寄附金の合計額(※) － 2,000円）× 30％
> （※）その年分の総所得金額等の40％相当額が限度となります。

　　なお、政党等寄附金特区別控除額の適用を受けるためには、確定申告書にその旨の記載をするとともに、政党又は政治資金団体を経由して交付された総務大臣又は各都道府県の選挙管理委員会の確認印のある「寄附金（税額）控除のための書類」を添付することが必要になります。

(ニ) 住宅借入金等特別控除

　　一定の住宅を新築若しくは取得又は増改築等をして、6か月以内に自己の居住の用に供した場合には、その住宅の取得等に係る借入金等を有するときは、居住の用に供した年から10年間（居住の用に供した年によって異なります。）、住宅借入金等の年末残高の1％（居住の用に供した日や認定長期優良住宅か否かなどによって異なります。）が所得税額から控除することができます。

　　以上が、個人で病院や介護事業を営んでおられる方や法人の理事又は役員の方に関わってくると思われる所得とそれに係る所得税額の説明です。

> 個人で病院や介護事業等を営まれている方の「事業所得」の計算の基礎

　次に、前者の個人で病院や介護事業を営んでおられる方の所得は、前述した所得区分からすれば「事業所得」に該当すると思われます。
　この場合、この事業所得の金額の計算について、後述する社会保険診療報酬に係る必要経費の特例を除いて、他の事業所得者と異なるところはありませんが、医療又は介護に関係させて説明とすることとします。

(6) 事業所得の金額の計算

　事業所得とは、判例では「自己の計算と危険において独立して営まれ、営利性、有償性を有し、かつ反覆継続して遂行する意思と社会的地位とが客観的に認められる業務から生ずる所得」(最高裁昭和56年4月24日判決) と判断されています。
　このような事業所得の金額は、前述したように次の算式で求めることになっています。

　　事業所得の金額＝総収入金額－必要経費

　それでは、上記各項目ごとにみていきましょう。

❶　総収入金額
(イ) 総収入金額の範囲
　所得税法は、「総収入金額に算入すべき金額」は、別段の定めがあるものを除いて、その年において「収入すべき金額」とするとされています。
　ところで、「総収入金額」とは、事業所得等がその収益の内容が副収入や付随収入などなどを伴って複雑な場合が多いことから、「収入金額」とは異なった意味があるとされています。
　具体的にみてみましょう。例えば、病院の場合、収入金額は、社会保険

診療収入や自由診療収入だけではありません。そのほか、病院内に設置している自動販売機の取扱業者から受け取る販売手数料、日用雑貨品等の販売代金、薬品会社からの医薬品のリベートなど、診療には直接関係のないものも上記総収入金額を構成することになります。

このように事業所得の収入金額には、病院等における診療報酬（収入）など、その事業の目的とするそのものから生じる収入が含まれるのはもちろんですが、このほかその事業から付随的に生じる収入も事業所得に係る収入金額となります。

なお、このことは介護事業を営んでおられる場合も同様です。

(ロ) 収入すべき金額（収入の計上時期）

所得税法では、総収入金額に算入すべき金額について、「収入すべき金額」と規定されていることは前述したところですが、この「収入すべき金額」とは実際に支払を受けた金額すなわち収入した金額のみを計上するのではありません。

この「収入すべき金額」とは、病院や介護事業の場合であれば、診療行為等の役務提供が行われたときに診療報酬等に定められた金額になります。

したがって、窓口での入金時や社会保険診療支払基金等に請求した時でもないことには注意が必要です。

(ハ) その他総収入金額で注意すべき点

i 金銭以外の物又は権利その他の経済的利益の価額

物品などの資産を無償で譲り受けた場合など金銭以外の物又は権利その他の経済的利益の価額も「収入すべき金額」に含まれます。そして、この場合の価額は、いわゆる時価によることになります。

ii 自家消費等

一般の事業所得者において、棚卸資産等を自家消費又は贈与した場合や棚卸資産を著しい低い価額で譲渡した場合には、前者の場合は「通常の販売価額」で、後者の場合は「通常の販売価額」と「譲渡対

価の額」との差額のうち「実質的に贈与したと認められる金額」を総収入金額に算入する必要があります。

　病院の場合は、職員、家族や親せき等に対して診療を行い、それに係る窓口負担分を受領していない場合などには適切な会計処理が必要になります。

❷必要経費

次は、必要経費です。

医療又は介護に係る必要経費に係る問題については、別章でＱ＆Ａ方式で解説する予定ですが、ここでは、まず、事業所得に係る必要経費の基本的な考え方と所得税特有の問題であるに家事費及び家事関連費並びに租税特別措置法26条に規定されている社会保険診療報酬に係る必要経費の特例を中心に説明することとします。

（イ）基本的な考え方

所得税法においては、事業所得の金額の計算上必要経費に算入すべき金額について、別段の定めがあるものを除き、総収入金額に係る売上原価その他当該総収入金額を得るために直接要した費用の額及びその年における販売費、一般管理費その他これらの所得を生ずべき業務について生じた費用の額と規定されています。

ところで、支出した金額又は支払うべきとされた金額が事業所得に係る必要経費として控除できるためには、それが事業活動と直接関連をもち、かつ、事業の遂行上必要な費用でなければならないとされています（この点については議論のあるところです。）。

（ロ）家事費と家事関連費

所得税法では、事業所得の金額の計算に当たって、原則、家事費及び家事関連費については必要経費に算入することはできないとされています。

家事費とは、衣服費、食費、住居費、娯楽費、教養費など所得を得た後の個人の消費生活上の支出、すなわち所得の処分に相当するものです。

また、家事関連費とは、事業所兼自宅に係る家賃や水道光熱費などにみられるように、事業所得に係る必要経費の要素と所得の処分としての家事費の要素とが混在している費用です。

　個人は、所得獲得行為として経済活動を行うと同時に消費活動も行っているので、支出したものが「必要経費」と「家事費」に区分することが求められますが、実務上、その区分は容易ではありません。

　両方の要素が混在している「家事関連費」についてはなおのことです。このため、所得税法上は、次の金額に限って必要経費に算入することができることになっています。

　　i　家事関連費の主たる部分が事業所得を生ずべき業務の遂行上必要であり、かつ、必要な部分を明らかに区分できる場合…その明らかに区分できる部分の金額

　　ii　青色申告の場合…取引の記録等に基づいて事業所得を生ずべき業務の遂行上直接必要であったことが明らかにされる部分の金額

　なお、上記 i の「主たる部分」は支出する金額が50％を超えるか否かによって判定されます。50％以下であっても業務上必要な部分を明らかに区分することができる場合は当該部分に相当する金額を必要経費に算入することができます。

(ハ) 青色事業専従者給与

　病院又は介護事業等を営む青色申告者が、「青色専従者給与に関する届出書」に記載した方法に従ってその記載されている金額の範囲内で青色事業専従者に給与の支払いをした場合には、その労務に従事した期間、労務の性質及びその提供の程度などからみてその労務の対価として相当であると認められる金額を、その青色申告者の事業所得等に係る必要経費に算入することができます。

　青色事業専従者に該当するためには、①生計を一にする配偶者その他の親族（15歳未満の者を除きます。）であること、②その事業に年を通じて6

か月を超える期間（年の途中で開業等をした等の場合はその従事できる期間の2分の1を超える期間）専ら従事していることのほか③上記「青色専従者給与に関する届出書」をその年の3月15日までに所轄税務署長に提出していることが必要になります。

(ニ) 社会保険診療報酬に係る必要経費の特例（措法26）

個人で病院等を営む者が支払を受ける社会保険診療報酬が5,000万円以下で、かつ、同事業から生ずる事業所得に係る総収入金額が7,000万円以下である場合には、その社会保険診療報酬に対して次の表に掲げる一定の率を乗じて計算した金額を社会保険診療に係る費用として必要経費に算入することができます（措法26）。

したがって、実際に計算した必要経費が上記租税特別措置法26条によって算定された金額を上回る場合には、実額によって計算した金額をもとに所得金額を算出することになります。

社会保険診療報酬の額	概算経費率の速算式
2,500万円以下の場合	社会保険診療報酬×72%
2,500万円～3,000万円以下の場合	社会保険診療報酬×70%＋500千円
3,000万円～4,000万円以下の場合	社会保険診療報酬×62%＋2,900千円
4,000万円～5,000万円以下の場合	社会保険診療報酬×57%＋4,900千円

❸青色申告制度

青色申告は、事業所得、不動産所得及び山林所得を生ずべき業務を行う者が所轄の税務署長の承認を受けて、青色の申告書により提出するものです。青色申告者は、一定の帳簿書類を備付け、これに事業所得に係る取引を記録するとともにこれを保存することが求められますが、いわゆる白色申告者に比して、前述した青色事業専従者給与額の必要経費の算入、青色申告特別控除のほか、前述した純損失の繰越控除など、税制上、有利な取扱いが認められています。

2 病院・介護事業法人の税務

病院や介護事業法人の経費と普通法人の経費の取扱いは同じ？

　病院や介護事業を経営する医療法人の営業経費の損金性のお話しをする前に、病院や介護事業法人の法人税の申告について、普通法人と違うところがあるのかどうかという点について説明します。

　法人税法は、内国法人を普通法人、公共法人、公益法人、協同組合等、に分類し、それぞれについて課税の仕組みを規定しています。一般的な例として、普通法人についてみてみます。

　法人は、定款などで決められた事業年度について決算を行い、株主総会等において決算書の承認を受けます。この確定した決算に基づき税務申告書は作成されます（法法74）。医療法人の多くは普通法人に該当します。

　なお、公益法人は、収益事業からなる所得についてのみ、普通法人と同様の申告を行うことが求められますが、適用される税率は、普通法人の税率に比べて優遇されています。

　営業経費の取扱いは、普通法人でも公益法人でも基本は同じといえます。

（１）医療法人にはどのような類型があるか

　全国にある病院の約６割は、医療法人であるといわれます。医療法人の設立は、医療法等に規定する手続きにより行われ、現在３つの類型の医療法人が設立されます。

　医療法39条は次のように規定しています。

> [第三十九条]
> 　病院、医師若しくは歯科医師が常時勤務する診療所又は介護老人保健施設を開設しようとする社団又は財団は、この法律の規定により、これを法人とすることができる。

　株式会社等の普通法人は剰余金を配当することで、出資者に利益を還元しますが、医療法人には剰余金の分配が認められていません（医療法 54 条）。利潤の極大化を通じて、株主や社員債権者等の利害関係者に経営成果を配分する普通法人とは、異なる経営が求められているものと思われます。このような違いはありますが、課税所得金額の計算については、普通法人と同じ税法上の取り扱いを受けます。

❶医療法人

　医療法 39 条により設立された病院や診療所、介護老人保健施設で、都道府県知事の認可を受けて設立されます。

　医療法人は、定款又は寄附行為の定めるところにより、本来業務のほかに次の業務の全部又は一部を行うことができます（医療法 42）。

　①医療関係者の養成又は再教育、②医学又は歯学に関する研究所の設置、③巡回診療所等の開設、④疾病予防運動施設の設置、⑤疾病予防温泉利用施設の設置、⑥保健衛生業務、⑦就学前の子どもに関する教育、⑧有料老人ホームの設置。

❷社会医療法人

　公益性の担保を主たる目的に、都道府県知事の認定を受けて設立される医療法人で、医療業務以外の関連事業から得られる収益を、病院などの本来業務に充てることができます。救急医療、僻地医療、災害医療などの地域医療は、継続的なサービス提供が求められ、必ずしも採算が取れる業務ではありませんが、透明な経営のもと、効率的に地域医療の安定化を実現

することを目指す制度です。従来の特別医療法人をもとに制度化された方式が社会医療法人です。

法人解散時の残余財産は、国、地方公共団体等に帰属します。

❸特定医療法人

特定医療法人とは、租税特別措置法（税の優遇措置）が適用される財団又は持分の定めのない社団の医療法人です。その事業が医療の普及及び向上、社会福祉への貢献その他公益の増進に著しく寄与し、かつ、公的に運営されていることにつき国税庁長官の承認を受けたものです。特定医療法人として承認された場合は、法人税において19％（通常は23.9％）の軽減税率が適用されます（平成27年4月1日から平成29年3月31日までの間に開始する事業年度に適用される税率）。

> **軽減税率の適用は大きな税の優遇措置！**

特定医療法人の承認基準の概要は次の通りです。

> イ．財団又は持分の定めのない社団の医療法人であること。
> ロ．理事・監事・評議員その他役員等のそれぞれに占める親族等の割合がいずれも3分の1以下であること。
> ハ．設立者、役員等、社員又はこれらの親族等に対し、特別の利益を与えないこと。
> ニ．寄付行為・定款に、解散に際して残余財産が国、地方公共団体又は他の医療法人（財団たる医療法人又は社団たる医療法人で持分の定めがないものに限る）に帰属する旨の定めがあること
> ホ．法令に違反する事実、その帳簿書類に取引の全部又は一部を隠ぺいし、又は仮装して記録又は記載している事実その他公益に反する事実がないこと。

[厚生労働省告示で定める基準]

ヘ. a. 公益の増進に著しく寄与すること。

b. 社会保険診療に係る収入金額（公的な健康診査を含む）の合計額が全収入の8割を超えること。

c. 自費患者に対し請求する金額は、社会保険診療報酬と同一の基準により計算されるもの。

d. 医療診療収入は、医師、看護師等の給与、医療提供に要する費用等患者のために直接必要な経費の額に100分の150を乗じた額の範囲内であること。

ト. 役職員一人につき年間の給与総額が、3,600万円を超えないこと。

チ. 医療施設の規模が告示で定める基準に適合すること。

a. 40床以上（専ら皮膚泌尿器、眼科、整形外科、耳鼻いんこう科又は歯科の診療を行う病院にあっては、30床以上）

b. 救急告示病院

c. 救急診療所である旨を告示された診療所であって15床以上を有すること。

リ. 各医療機関ごとに、特別の療養環境にかかる病床数が当該医療施設の有する病床数の100分の30以下であること。

（2）公益法人に対する課税制度

　ここで、公益法人として設立された医療法人の税務について触れておきましょう。平成20年に公益法人の制度改革が行われました。従来主務官庁の許認可により設立されていた公益法人は、「公益性」の有無に関わらず設立することが可能になりました。法人格を取得する行為である登記と内閣総理大臣または各都道府県知事による「公益性」の認定が分離されたわけです。

　一般社団法人及び一般財団法人として登記され、内閣総理大臣等への申請と審査、認定により、公益社団法人及び公益財団法人が成立します。

　社会福祉法人や社会医療法人等は公益法人に含まれるため、収益事業（34業種）により生じた所得に対してのみ法人税が課されます。参考として、医療や介護に関係する公益法人とその設立根拠法を示します。

公益法人の名称	根拠法
社会福祉法人	社会福祉法
更生保護法人	更生保護事業法
社会医療法人	医療法

　医療法人や介護事業法人が次のような収益事業を兼業する場合、法人税の申告が必要になります（法法4①、5、7）。

NO.	収益事業	法人税基本通達	NO.	収益事業	法人税基本通達
1	物品販売業	15-1-9〜10	18	代理業	15-1-45
2	不動産販売業	15-1-12〜13	19	仲立業	15-1-46
3	金銭貸付業	15-1-14〜15	20	問屋業	15-1-47
4	物品貸付業	15-1-16	21	鉱業	15-1-48
5	不動産貸付業	15-1-17〜21	22	土石採取業	15-1-48
6	製造業	15-1-22〜23	23	浴場業	15-1-49
7	通信業	15-1-24	24	理容業	15-1-50
8	運送業	15-1-25	25	美容業	15-1-51
9	倉庫業	15-1-26	26	興業業	15-1-52〜53
10	請負業	15-1-27〜29	27	遊技所業	15-1-54
11	印刷業	15-1-30	28	遊覧所業	15-1-55
12	出版業	15-1-31〜36	29	医療保険業	15-1-56〜65の2
13	写真業	15-1-37	30	技芸教授業	15-1-66〜67の3
14	席貸業	15-1-38〜38の3	31	駐車場業	15-1-68
15	旅館業	15-1-39〜42	32	信用保証業	15-1-69
16	料理店他飲食業	15-1-43	33	無体財産権提供業	
17	周旋業	15-1-44	34	労働者派遣業	15-1-70

（３）営業経費の損金性

個人事業と法人での事業では営業経費の取扱いが違う！

　個人が病院や介護事業を経営する場合と、個人の集合体で別の法人格を付与された法人が経営する場合では、営業経費の取り扱いが大きく異なります。

　個人事業には、所得税法が適用されます。個人事業において発生した営業経費が事業収入から控除されるか否かについては、本章の❶で解説しました。本章では、法人税法が適用される病院や、介護事業を経営する医療

法人の営業経費について、どのような経費が損金になり、どのような経費が損金算入を否認されるかを解説します。

医療法人や介護事業法人の営業経費について、損金不算入とされないための留意事項を理解するための知識を理解していただきます。

❶営業経費とは何を指すか

医療法人等の課税所得計算における法人税法上の取り扱いは、普通法人と同じです。普通法人の税務は、企業の財務会計で作成される確定した決算書に基づき税務処理が行われます。この点、医療法人等も同様で、企業会計が準拠する一般に公正妥当と認められた会計処理の基準に従って、日常の会計処理が行われます。医療法等の規制が及ぶ支出等については、それぞれの業法の制約が影響するかもしれません。原則としては、営業経費の会計処理も企業会計の処理基準に従っているものと思われます。

> **税務の前に、会計処理は合法か否かのチェック！**

企業会計がよって立つ金融商品取引法、財務諸表等の用語、様式及び作成方法に関する規則では、会社の販売及び一般管理業務に属するものを販売費及び一般管理費としています。

> **金融商品取引法**
> 「財務諸表等の用語、様式及び作成方法に関する規則」
> 第三節　販売費及び一般管理費
> （販売費及び一般管理費の範囲）
> 第八十四条　会社の販売及び一般管理業務に関して発生したすべての費用は、販売費及び一般管理費に属するものとする。

医療法人等は非上場の企業であると思われますので、すべての会社が準

拠すべき法律である会社法の規定を見てみましょう。会社法により委任された会社の計算に関する事項を定めた法務省令である「会社計算規則」でも、次の通り、損益計算書に「販売費および一般管理費」の区分を設けることを求めています。

> （損益計算書等の区分）
> 第八十八条　損益計算書等は、次に掲げる項目に区分して表示しなければならない。この場合において、各項目について細分することが適当な場合には、適当な項目に細分することができる。
> 一　売上高、二　売上原価、三　販売費及び一般管理費、四　営業外収益、五　営業外費用、六　特別利益、七　特別損失

　会社法は、会計処理に当たっては、以下に示す通り、個別規定がない場合には「一般に公正妥当と認められる企業会計の慣行に従う」ことを求めています。結果として、会社法と金融商品取引法に基づく決算書は同様のものになると考えられます。

> 第五章　計算等
> 　第一節　会計の原則
> 　　第四百三十一条　株式会社の会計は、一般に公正妥当と認められる企業会計の慣行に従うものとする。

　金融商品取引法と会社法の個別規定から、一般の企業会計における販売費および一般管理費は、一般に公正妥当と認められる企業会計の慣行に従って会計処理が行われていることが分かりました。
　「一般に公正妥当と認められる企業会計の慣行」として想定される基準に企業会計原則があり、営業経費の損金性を検討する上で重要な原則に

「費用・収益対応の原則」があります。医療業務等で計上される収益と対応関係にある経費に対して税務上の損金性が認められると言えます。

❷法人税法における営業経費

> 税法上は、どの経費をどの区分に計上しても問題ありません！

　法人税法では、青色申告を行う法人について、損益計算書に表示すべき勘定科目を明示しています。興味深いことは、企業会計においては「営業取引」「営業外取引」「特別損益」といった区分表示を求めているのに対して、法人税法では特に区分表示を求める規定を置いていないという点です。

　これは、法人税法の主たる趣旨が、「課税所得金額の計算」にあるためであると思われます。つまり、仮に、損益計算書の表示上、営業取引の「売上原価」と営業外取引である「支払利息」が同じ「営業取引」の区分に表示されていても、課税所得金額の計算という目的のためには、支障がないということであると思われます（法規別表21）。

　法人税法第74条には次の規定があります。

> 第74条（確定申告）
> 内国法人は、各事業年度終了の日の翌日から二月以内に、税務署長に対し、確定した決算に基づき次に掲げる事項を記載した申告書を提出しなければならない。

　これは、企業会計で作成された財務諸表が株主総会等により承認されて企業の開示情報として確定した後に、これに基づいて作成した確定申告書の提出を求めたものです。いわゆる確定決算主義を示す条文です。

　これに加えて、法人税法22条第4項には次の規定があります。

> **第22条（各事業年度の所得の金額の計算）**
> 4．第二項に規定する当該事業年度の収益の額及び前項各号に掲げる額は、一般に公正妥当と認められる会計処理の基準に従って計算されるものとする。

　第22条は、各事業年度の所得の金額が益金の額から損金の額を控除して計算されることを規定し、その計算に当たっては法人税法に「別段の定め」がある場合を除き、「一般に公正妥当と認められる会計処理の基準」に基づいて所得の金額を計算するとしています。

　すなわち、企業会計がよって立つ「一般に公正妥当と認められる企業会計の慣行」を受け入れることを明示した規定と解され、公正処理基準と呼ばれています。

　つまり、営業経費である販売費および一般管理費の会計処理について、法人税法は企業会計を尊重することを宣言しているわけです。ここで気を付けなければならないことは、「別段の定め」がない場合は企業会計が税務会計と一致するという点です。

❸損金不算入とされる営業経費とは

税負担の公平を維持するために営業経費の一部損金不算入がある！

　役員報酬や退職金、寄附金、交際費などは課税所得金額から控除される費用です。同族会社等の場合、出資者が代表取締役であるケースが多いため、株主の利益と企業経営者の利益が相反する事象が発生しても、同一人物が当該事象の税務処理を判断することになります。

　社長の個人的なゴルフのお付き合いに要した費用や親睦のための海外旅行費用などを会社の費用として計上することで、会社の課税所得は減少し、社長個人が本体負担すべき支出が会社の資金で賄われるようなケース

も時に発生します。

　また、好決算で多額な法人税の納付が予想された会社が決算期末に決算賞与として役員や社員に会社の利益の半額に相当する給与を支払った場合、当該給与を損金として認めると、法人税額は半分に減少します。一方、役員や従業員の個人所得税が増額となりますが、個人所得税の税率が法人税の税率を下回っていれば、国に納付される税額はトータルとして減少します。このように、税務上の取り扱いの違いを利用して、納税額の最小化を図ることが行われたことがあります。

　上記の例のような税負担の公平を損なう行為を黙認すると、善良な納税者までが納税道義に背を向けてしまいかねません。そのような背景から、次のような損金算入できる金額に制限を設ける規定が租税法に導入されました。

（4）医療法人や介護事業法人に関係する営業経費の損金不算入規定
❶一定の要件を満たさない役員給与は損金不算入

　法人税法では役員という用語を使用していますが、医療法人等の理事や監事がこれに該当します。理事や監事として登記、登録が行われている者は明確ですが、「使用人以外の者で法人の経営に従事している者」も役員とされます。法人税基本通達では「相談役、顧問その他これらに類する者で、その法人内における地位、その行う職務等から見て他の役員と同様に実質的に法人の経営に従事している者も含まれます（法基通9-2-1）。

　損金となる役員給与の要件として、法人税法は次の3類型を示しており、理事、監事に対する給与のうち、次の要件を充足する給与は損金になりますが、これらに該当しない給与が損金に算入できません。

（イ）定期同額給与（法基通9-2-13）
　支給時期が1か月以下の一定の期間であり、その事業年度内の各支給時期における支給額が同額である給与を指します。

> 毎月、一定額の支給を継続し、株主総会決議等の手続きを経て昇給を実施すれば安心です！

　あらかじめ定められた支給基準に基づいて、毎日、毎週、毎月のように月以下の期間を単位として規則的に、反復又は継続して支給されるものを言います。
　非常勤の理事に、年俸又は事業年度の期間の俸給を年1回又は2回、所定の時期に支給するケースなどは、たとえその支給金額が各月ごとの一定金額を基礎として算定されているとしても定期同額給与には該当しません。

> 年俸、期間俸給制の場合で、同族会社に該当する場合は、税務署長に届出を行う！

　非常勤の理事等に対して、所定の時期に、確定額を支給する旨の定めに基づいて支給する年俸又は期間の俸給のうち、次の要件を満たすものは損金となります。
　　i　医療法人が、同族会社に該当しないこと
　　ii　同族会社に該当する場合、「事前確定届出給与の届出」に定めるところにより納税地の税務署長に届出をしていること
（ロ）事前確定届出給与（法基通9-2-14）
　所定の時期に確定額を支給する旨の定めに基づいて支給する給与を指します。

> 届出に記載する事項は次の7項目です。

　イ．事前確定届出給与の対象者の氏名及び役職名
　ロ．事前確定届出給与の支給時期及び各支給時期の支給金額

ハ．理事会等の決議によりロ．の内容を決定した年月日と決定機関
ニ．事前確定届出給与に係る職務の執行を開始する日
ホ．事前確定届出給与につき定期同額給与による支給としない理由及びその事前確定届出給与の支給時期をロ．とした理由
ヘ．事業年度開始の日の属する会計期間において事前確定届出給与対象者に対して事前確定届出給与と事前確定届出給与以外の給与とを支給する場合のその事前確定届出給与以外の給与の支給時期及び各支給時期における支給金額
ト．その他参考となるべき事項

届出の時期は次の通りです。

区分	届出の時期
①理事会等における決議により理事等の職務につき所定の時期に確定額を支給する旨を定めた場合	次のうちいずれか早い日 a．その決議をした日（その日が職務執行開始日後である場合には、職務執行開始日）から1月を経過する日 b．事業年度開始の日の属する会計期間開始の日から4月を経過する日
②新たに設立した医療法人がその理事等の、その設立の時に開始する職務につき所定の時期に確定額を支給する旨を定めた場合	その設立の日以後2月を経過する日
③臨時改定事由により新たに事前確定届出給与の定めをした場合	①の届出期限（②に該当する場合は、②の届出期限）と臨時改定事由が生じた日から1月を経過する日とのうちいずれか遅い日

> 実際に支給した給与の額が「事前確定届出給与」の届出に記載された金額と異なる場合は支給額全額が損金不算入！

　事前確定届出給与は、所定の時期に確定額を支給する旨の定めに基づいて支給される給与をいうのであるから、納税地の税務署長に届け出た支給額と実際の支給額が異なる場合には、事前確定届出給与に該当しないこととなり、原則として、その支給額の全額が損金不算入となります。

(ハ) 利益連動給与（法基通 9-2-18、9-2-19）

　同族会社に該当しない法人が、業務執行役員に対して支給する利益に関する指標を基礎として算定される給与をいいます。
利益連動給与については、客観的な算定方法の開示を求めています。業務執行役員ごとに、次の事項を開示しなければなりません。

　　i　その利益連動給与の算定の基礎となる利益に関する指標
　　ii　支給の限度としている確定額
　　iii　客観的な算定方法の内容

　留意すべきことは、「確定額を限度としている算定方法」とは、その支給額の上限が具体的な金額をもって定められていることをいうので、例えば、「経常利益の額の 10% を限度として支給する。」といった定め方は、該当しません。

❷役員と特殊な関係にある使用人に対する過大な給与

　医療法人等の理事と特殊の関係にある使用人（特殊関係使用人）に対して支給する給与の額のうち不相当に過大な部分の金額は損金不算入とされます（法法 36）。

(イ) 特殊関係使用人

　理事と事実上婚姻関係と同様の関係にある者や理事から成型の支援を受けている者がこれに該当します。また、これらの者と生計を一にする親族もこれに当たります。

(ロ) 不相当に高額か否かの判断基準

退職給与以外の給与については、当該特殊関係使用人の職務の内容、医療法人の利益の状況、他の使用人に対する給与の支給状況、他の医療法人等の同等の使用人への給与の実態等を勘案して判定します。

退職給与については、当該特殊関係使用人が当該医療法人に従事した期間、退職の事情、他の医療法人の同等の使用人に対する退職給与の支給状況等を勘案して判定します。

❸寄附金

国や地方公共団体への寄附金、財務大臣が指定する一定の寄附金は全額損金になりますが、それ以外の寄附金には損金算入限度額があります。

〈一般の寄附金の損金算入限度額〉

資本または出資を有するもの	(所得基準額＋資本基準額) $\times \frac{1}{2}$ 所得基準額＝所得の金額 $\times \frac{2.5}{100}$ 資本基準額＝資本金等の額 $\times \frac{当期の月数}{12} \times \frac{2.5}{1,000}$
資本または出資を有しないもの	所得の金額 $\times \frac{2.5}{100}$

❹交際費

交際費とは医療法人等が会計処理に当たり使用した勘定科目、例えば、「福利厚生費」や「旅費交通費」といった勘定科目に関わらず、支出の目的や事実関係が「接待、供応、慰安、贈答、その他これらに類する行為のための支出」である場合、税務上の交際費として損金算入限度額を超える金額が損金不算入とされます。

交際費等の額は、資本金1億円超の法人については、損金不算入とされています。平成26年4月1日以後に開始する事業年度において支出する交際費のうち接待飲食費の額については、その50％が損金となり、50％

相当額を超える金額が損金不算入となりました。

期末資本金の額が1億円以下の法人については、次のいずれかを選択できる制度に改正されています。

A. 接待飲食費の額の50%相当額を超える金額
B. 定額控除限度額

$$800\text{万円} \times \frac{\text{事業年度の月数}}{12}$$

❺不正行為等に係る費用等

内国法人が、その所得等の計算の基礎となるべき事実の全部または一部を隠蔽し、または仮装することによりその法人税の負担を減少させ、またはさせようとする場合において生ずる損失の額は損金不算入となります。この取扱いは、法人税以外の罰金や科料、課徴金や過料についても適用されます。

❻租税公課

国税、地方税を問わず、所得に対して課される租税は損金不算入とされます。一方、固定資産税や消費税など資産や消費等を課税標準とする租税は損金に算入されます。

第2章

Q&A 個人事業者に係る必要経費

病院や介護事業を営む個人事業者とそれ以外の事業を営む個人事業者によって、事業所得の係る必要経費の範囲等に違いがあるかという点については、第1章において説明したように、社会保険診療報酬に係る必要経費の特例（措法26）を除けば、事業所得の金額の計算構造自体に基本的な差異はありません。

　したがって、本章では、まず、事業所得に係る必要経費について争われら裁判例をもとに、所得税法37条（個人事業者の場合は同法のほか同45条及び所得税施行令96条1号も関係しますが）の解釈の違いを取り上げます。その後、このような問題があることを前提に、個人事業者にとって、調査時などに最も指摘されやすい家事費及び家事関連費、青色事業専従者給与など、病院や介護事業等に係る必要経費の問題について、これまで裁判例や裁決事例で明らかにされた争点（問題点）を取り上げ、それについて示された判断等をできる限り取り入れながら説明することとします。

事業所得に係る必要経費の基本的な考え方

Q1 事業所得に係る必要経費として認められるか否かの判断はどのように考えたらいいのでしょうか？

A 事業所得に係る必要経費として控除できるか否かの基本的な考え方は、その支出等が事業活動と直接関連をもち、かつ、事業の遂行上必要な費用であるか否かとの視点で判断された方がいいと思われます。

解説

（1）必要経費の規定とその問題点

事業所得の金額は、その年中の事業所得に係る総収入金額から必要経費を控除した金額です（所法27②）。

この必要経費に算入すべき金額について、所得税法37条1項では次のように規定されています。

> ［法三十七条］　その年分の……事業所得の金額……（……）の計算上必要経費に算入すべき金額は、別段の定めがあるものを除き、<u>これらの所得の総収入金額に係る売上原価その他当該総収入金額を得るため直接に要した費用の額及びその年における販売費、一般管理費その他これらの所得を生ずべき業務について生じた費用</u>（償却費以外の費用でその年において債務の確定しないものを除く。）の額とする。

前者の売上原価等の費用は、収入金額との対応が比較的容易ですから問題となることは少ないようです。しかし、後者の「所得を生ずべき業務について生じた費用」（これは「一般対応の必要経費」といわれることがあります。）については、事業所得に係る必要経費として認められるか否かが問題（争点）になることが少なくありません。加えて、個人事業者の場合は、後述する家事費や家事関連費との区分が求められることから、問題を一層複雑化させる結果を招来させます。
　ここで家事関連費等の必要経費不算入等が規定されている所得税法等を確認しておきましょう。

> ［法四十五条］　居住者が支出し又は納付する次に掲げるものの額は、その者の……事業所得の金額……の計算上、必要経費に算入しない。
> 一　家事上の経費及びこれに関連する経費で政令で定めるもの
> 二　所得税（……）
> （以下省略）
> ［令九十六条］　法第四十五条第一項第一号に規定する政令で定める経費は、次に掲げる経費以外の経費とする。
> 一　家事上の経費に関連する経費の主たる部分が……、事業所得……を生ずべき業務の遂行上必要であり、かつ、その必要である部分を明らかに区分することができる場合における当該部分に相当する経費
> 二　前号に掲げるもののほか、青色申告書を提出することにつき税務署長の承認を受けている居住者に係る家事上の経費に関連する経費のうち、取引の記録等に基づいて、……事業所得……を生ずべき業務の遂行上直接必要であつたことが明らかにされる部分の金額に相当する経費

(2) 必要経費に対する2つの考え方

　事業所得の金額の計算上、上記「所得を生ずべき業務について生じた費用」として認められるか否かについて、課税庁と納税者の考え方の違いが鮮明になった事件（東京地裁平成23年8月9日判決、その控訴審である東京高裁平成24年9月19日判決（下記の「裁判事例」参照））から、その解釈の違いについてみていきましょう。

　まず、上記東京地裁及び東京高裁が示した判断をもとに、「所得を生ずべき業務について生じた費用」として認められるか否かの判断について、双方の考え方の違いを結論だけ対比してみましょう。

課税庁の考え・東京地裁の判断	納税者の考え・東京高裁の判断
所得を生ずべき事業の業務と直接関係し、かつ、専ら業務の遂行上必要といえるか否かによって判断	事業所得を生ずべき業務の遂行上必要であるか否かで判断

　裁判所は、第一審東京地裁では課税庁の考え方を、控訴審の東京高裁では納税者の考え方を採用し、最高裁は課税庁から申立てがあった上告受理申立てを却下したことから、結果として納税者の考え方を採用したことになります。

(3) 今後の対応

　しかし、このような納税者の考え方が、今後、他の場合でも同様に通用するかというと、そうではないようです。実際、上記判決以後に判断されている裁決（例えば、後掲する「平成26年3月6日裁決」（**Q3**の「裁決事例」参照））等においても、課税庁はこれまでの解釈を変えているとは思えません。

　また、裁判所が示した判断については、「弁護士会等の目的やその活動実績、強制加入団体である弁護士会等と弁護士の関係、弁護士会等の活動費用の実態を考慮して、弁護士が弁護士会等の役員等としての活動に要し

た費用であっても、弁護士会等の役員等の業務の遂行上必要な支出であったということができるのであれば、その弁護士の事業所得を生ずべき業務の遂行上必要な支出（一般対応の必要経費）に該当するものと判断したものである」とされています。さらに、争点となった必要経経費の多くを占めていた懇親会費等について、「懇親会等の開催目的に応じて役員等の業務の遂行上必要であったか否かを判断」[注]していることからすると、他の場合でも上記東京高裁の判断が通用するものと考えることはできないように思われます。

　以上の点を踏まえると、具体的な処理に当たっては当面、上記 Answer 記載の解釈を念頭に事業所得に係る必要経費として算入できるものか否かを判断していくことが賢明であると思われます。

　（注）「　」内は判例タイムズ1387号・190頁から引用

（判決事例）

> 　弁護士会等の役員等を務めていた納税者が、これらの役員等としての活動に伴い支出した懇親会費等について、自らの事業所得の計算上必要経費に算入できるか否かが争点となった事例です。
>
> 　上記（2）に関係する部分について、裁判所が示した判断は次のとおりです。
>
> 　「被控訴人（筆者注：税務署長）は、一般対応の必要経費の該当性は、当該事業の業務と直接関係を持ち、かつ、専ら業務の遂行上必要といえるかによって判断すべきであると主張する。しかし、所得税法施行令96条1号が、家事関連費のうち必要経費に算入することができるものについて、経費の主たる部分が「事業所得を……生ずべき業務の遂行上必要」であることを要すると規定している上、ある支出が

業務の遂行上必要なものであれば、その業務と関連するものでもあるというべきである。それにもかかわらず、これに加えて、事業の業務と直接関係を持つことを求めると解釈する根拠は見当たらず、「直接」という文言の意味も必ずしも明らかではないことからすれば、被控訴人の上記主張は採用することができない。」

（東京高裁平成24年9月19日判決・判例タイムズ1387号190頁）

Q2 医師会などへの入会金や会費は必要経費になりますか？

入会費は、一般的に、繰延資産として一定の方法により計算した償却費の額を各年分の必要経費に算入することが適当と思われます。

また、会費等の名目で支出するものについては、その支出の目的・内容等を客観的な視点で個々に確認して必要経費として算入できるか否かを判断する必要があります。

解 説

(1) 事業所得に係る必要経費の基本的な考え方

事業所得に係る必要経費として控除できるためには、前述したようにそれが事業活動と直接関連をもち、かつ、事業の遂行上必要な費用でなければなりません。

このような判断をするためには、まず、支出した金額がどのようなものとして支払われ、又は支払いが求められているかを確認する必要があります。

医師又は歯科医師が医師会などから支払を求められるものとしては、入会金のほかにも様々なものがありますが、その主なものについて必要経費算入の可否等を示せば次のとおりです。

具体的にみていきましょう。

(2) 入会金等の支払と必要経費
❶医師会などへの入会金について

医師会や歯科医師会などに加入するためには入会金の支払を求められます。この入会金は、その支出の効果がその支出の日以後一年以上に及ぶも

	会費等の内容	必要経費算入の課否
①	（国、都道府県又は市町村など単位で組織されている）医師会、歯科医師会などへの入会金	繰延資産として計上の上、所定の期間に必要経費として算入できます。
②	・医師会や歯科医師会の会費 ・医師賠償保険料 ・医師会学会費 ・学校医会費	必要経費に算入できます。
③	・医師会国民健康保険料 ・小規模企業共済等掛金 ・生命保険料	個人病院や医院の場合は、必要経費とはなりません（課税所得を計算する上で、所得控除として差し引くことになります。）。
④	・疾病休業補償負担金 ・医師会福祉共済負担金 ・医師会互助年金の掛金 ・医師会政治連盟会費	必要経費に算入することはできません。

のであることから、税務上は、支払った金額を必要経費に算入するのではなく、繰延資産（所法2①二十、所令7、所基通2-29の4）として所定の計算方法により計算した償却額を必要経費に算入することになります（所法50、所令137）。

この場合、実務上は、同業者団体等に対して支出した加入金は5年の償却期間で必要経費に算入する金額を計算することになります（所基通50-3）。

なお、入会金の額が20万円に満たない場合には少額繰延資産としてその全額が必要経費として算入することになります（所令139の2）。

❷医師会などの会費

また、医師会や歯科医師会などの会費については、基本的には、事業活動と直接関連をもち、かつ、事業の遂行上必要な費用ということができ、必要経費に算入することができます。

❸ **医師会国民健康保険料**などの支払について

　医師会国民健康保険料は、国民健康保険料等と同様、所得税法においては社会保険料に該当することになります。したがって、医業又は歯科医業に係る必要経費としてではなく、所得税の確定申告において、社会保険料控除として総所得金額等から所得控除として差し引かれることになります。

　また、小規模企業共済等掛金及び生命保険料も所得控除として総所得金額等から控除されますが、生命保険料控除については、所定の計算に基づいて算出された金額が所得控除の対象となります。

❹ **医師会政治連盟会費**などについて

　医師などが支払う金額のうち医師会政治連盟会費等の会費については、同団体等への加入がいずれも強制されておらず、同団体に支払った会費が主に政党又は公職の候補者の後援のために支出されるものであることから、所得を生ずべき業務の遂行上直接必要な支出と認めることはできないとされています。したがって、医業又は歯科医業に係る必要経費に算入することはできないと考えられます。

　なお、医師会福祉共済負担金等については、**Q8**に係る解説を参考にしてください。

（裁決事例）

> 　歯科医師である請求人が支払ったＮ歯連盟会費、県歯連盟会費、及び日歯連盟会費（以下、これらを併せて「連盟会費」といいます。）が請求人の事業所得に係る必要経費として認められるか否かが争点となった事例です。
> 　国税不服審判所長が示した判断は次のとおりです。

「歯科医師政治連盟とは、歯科医師会からは独立した団体で、日本歯科医師政治連盟の規約及びこれに準じて作成されたＱ県歯科医師政治連盟規約に基づき、歯科医師の業権の確保とその発展を図るため、歯科医療に理解のある政党又は公職の候補者に対し、政治的後援活動を行うことを目的とする政治団体であるので、連盟会費は、政党又は公職の候補者の後援のためのものと認められる。

そうすると、請求人が、連盟会費を支払うことにより、保険制度の改正等の情報が入手できるとしても、その会費が所得を生ずべき業務の遂行上直接必要な経費とは認められず、仮に家事関連費であるとしても、その会費について、その主たる部分が業務の遂行上必要であるともいえないし、業務の遂行上直接必要な部分を明らかにすることもできないから、これを必要経費に算入することはできない。」

(平成 13 年 3 月 30 日裁決・裁決事例集 61 集 129 頁)

(3) 裁決等が示す個人事業所得に係る必要経費の問題に対する判断手法

この裁決から明らかなように、まず「業務遂行上直接必要な経費とは認められ」ないとした上で、さらに、連盟会費が家事関連費であるという前提で、家事費と事業所得に係る必要経費とに区分できないことを指摘していることには注視する必要があります。

個人事業所得に係る必要経費の問題に対する判断は、このようなパターンが極めて多いのが特色です。

Q3 ロータリークラブの入会金及び会費は必要経費になりますか？

A ロータリークラブに係る会費等については、同クラブの目的や活動内容等を踏まえると、業務と直接関係するものということはできず、また、その者の業務の遂行上必要なものということもできないので必要経費として認められないと思われます。

解説

（1）一般的判断基準とその当てはめ

　ロータリークラブは、通常、各クラブで定める綱領に基づき、社会奉仕等を目的として活動されている場合が多いと思われます。

　したがって、このようなロータリークラブに支払う会費等が必要経費として認められるか否かは、同クラブの活動が自らの事業にどのように関係するかということが問題となります。そして、この場合、前述した必要経費に算入するための判断基準が関わってくることになります。

　すなわち、ロータリークラブの入会金等が納税者の方が営む事業所得を生ずべき業務と直接関係し、かつ、当該業務の遂行上必要なものであるか否かによって判断されます。

　その結果、当該ロータリークラブが定める綱領等に基づき行う活動と納税者の方が営む事業との関係を上記基準に照らしてみると、一般的には、事業所得に係る必要経費として認められるのは極めて難しいということになると思われます。

(2) 対象団体の具体的な活動内容も確認？

　ところで、ロータリークラブに限らず、ある団体に加入して支払った会費等が必要経費として認められるか否かは、その支出の目的・内容等を客観的な視点で個々に確認して必要経費として算入できるか否かを判断する必要があります。

　このような判断を行うに当って、最近の裁決等をみますと、上記ロータリークラブに係る裁決にもみられるように、同クラブの活動内容はもとより会費として支払った金額が同クラブの運営上どのような形で費消されているかなどについても確認したうえで判断を示している事例があり、これが正に重要な考慮要素になっていると思われます。

(裁決事例)

>　司法書士である請求人が事業所得の金額の計算上必要経費に算入したロータリークラブの入会金及び会費が必要経費として認められるか否かが争点となった事例です。
>　国税不服審判所長が示した判断は次のとおりです。
>
>「本件諸会費もその大部分が本件クラブの運営費及び活動費等に充てられたものと認められる」とした上で、対象となったロータリークラブ（本件クラブ）は、「綱領に従って、……各奉仕活動をしていたものであり、具体的な活動についてみても、……例会において、昼食が出されるとともに事務連絡及び勉強会が実施されたり、懇親会が開催されたりしていたにすぎないのであるから、請求人が本件クラブの会員として行った活動を社会通念に照らして客観的にみれば、その活動は、登記又は供託に関する手続について代理することなど司法書士法第３条第１項各号に規定する業務と直接関係するものということはで

> きず、また、例会や懇親会の活動が司法書士としての業務の遂行上必要なものということはできない。」
>
> 　　　　　　（平成26年3月6日裁決・裁決事例集94集63頁）

　なお、この裁決においても、本件諸会費が業務の遂行上必要なものが含まれる家事関連費に該当するものだとしても、同会費の主たる部分が請求人が営む事業所得を生ずべき業務の遂行上必要なものであるとは認められず、また、その必要である部分を明らかに区分することができるとも認められない旨の判断も示していることには注視すべきでしょう。

Q4 私は、自ら診療所を営むと同時に勤務医として複数の病院に勤務して給与所得を得ています。今回、給与を受けている学校法人に対して贈答品(お歳暮)を購入しましたが、この購入費用は必要経費(接待交際費)として処理してよろしいでしょうか。なお、贈答先の学校法人は予防接種の実施先でもあります。

A 現に、自らの診療所として予防接種を行い、これに係る事業収入を得ていることからすれば、贈答品は、予防接種を依頼してくれたことに対する謝礼又は今後もこのような関係維持のためのものとみることができるから、あなたが営む医業と直接関係し、かつ、同医業の遂行上必要なもとして必要経費に算入することができると思われます。

解説

(1) 必要経費として認められるための要件

接待交際費に限らず、事業所得に係る必要経費として認められるためには、当該支出が所得を生ずべき業務と直接関係し、かつ、業務の遂行上必要なものに限られるとされているところです。

また、このような費用に該当するか否かの判断の当たっては、一般的に、単に業務を行う者の主観的な動機・判断によるのではなく、当該業務の内容や当該支出の趣旨・目的等の諸般の事情を総合的に考慮して、社会通念に照らして客観的に行われなければならないとされています。

(2) 本件への当てはめ

本件では、贈答先の学校法人は勤務先の1つであるとはいえ、同校にお

いて予防接種を実施し、それに係る収入は診療所（医業）に係る事業所得に係る総収入金額を構成しています。
　このことは、社会通念に照らして客観的にみれば、予防接種（取引）に係る謝礼又はその（取引）関係維持のためのものとみることができます。
　したがって、贈答品の購入費用は、あなたが営む診療所（医業）と直接関係し、かつ、業務の遂行上必要なものであると認められ、必要経費に算入することができます。

（裁決事例）

> 　自ら内科等の診療科目で診療所を営む傍らで医師として複数の病院に勤務する請求人が、診療所である医業に係る必要経費として算入した複数の勤務先に対する贈答品の購入費や同勤務先におけるゴルフコンペへの参加費用（接待交際費）等が事業所得に係る必要経費として認められるか否かが争点となりました。
> 　国税不服審判所長は、①予防接種を実施している学校法人など現に取引がある先に対する金額（②以外の接待交際費）と②それ以外の病院等に対する金額（ここでは「本件接待交際費」といいます。）に分けて、次のような判断を示しました。
>
> 　本件接待交際費は、「……社会通念に照らして客観的にみれば、請求人が、給与所得を得ている勤務先であるM会及びN会並びにそれらの職員等の関係での円滑化を図るための支出と認めるのが相当であり、また、請求人と同各会との間に本件事業（筆者注：診療所にて営む医業）としての取引関係は認められない。したがって、本件接待交際費は、本件事業と直接関係し、かつ、本件事業の遂行上必要なものであったと認めることはできない。」とする一方で、これ以外の接待交際費については、「学校法人における予防接種を行って本件事業に係る収入を得ている」として、本件事業の事業所得の金額の計算上必要経費に算入することができるとしました。
>
> 　　　　　　　　　（平成27年4月13日裁決・TAINS・J99-2-07）

第2章　Q&A　個人事業者に係る必要経費

Q5 私は診療所を営む医師です。患者の受入れなど普段からお世話になっている同業の医師にお中元・お歳暮を贈りましたが、この購入費用は経費として処理できますか。

A 本件の贈答品は、患者を紹介してくれた開業医等に対するものであることから、あなたが営む医療業務を円滑に行うことを目的とするものと認めることができます。そうすると、本件の贈答品購入代金は、客観的にも、医業業務に直接の関連を有し、かつ、当該業務の遂行上通常必要な支出であると認められるので必要経費になると思われます。

解説

(1) 事業所得に係る必要経費算入のための基本的考え方

　前述したように議論のあるところですが、現状では、事業所得の金額の計算上控除されるべき必要経費は、客観的にみて、それが業務と直接の関係を有し、かつ、当該業務の遂行上通常必要な支出であることが求められます。

(2) 本件への当てはめと注意点

　本問の場合、贈答先である医師が患者を紹介し、それが医療業務に係る総収入金額の一部を構成していることから、上記 Answer が導かれるわけです。しかし、このように認定してもらうためには、いつ誰から紹介を受けた患者であるかなどを記録・保存しておくことが重要になります。

（裁決事例）

> 　医業を営む請求人が、患者の紹介元の開業医などを贈答先とする中元等購入代（交際費）が必要経費として認められるか否かが争点となった事例です。
> 　この争点に対する国税不服審判所長の判断は次のとおりです。
>
> 　「本件中元等の贈答先は、……、患者の紹介先の開業医等及び診療等を臨時に依頼した非常勤医師やレントゲン技師などであることから、これらの支出は、請求人の医療業務を円滑に行うことを目的とするものであると認められる。
> 　そうすると、本件中元等の費用は、客観的にみて、請求人の医療事務に直接関連を有し、かつ、当該業務の遂行上通常必要な支出であると認められるので、必要経費の金額に算入するのが相当である。」
> 　この事例で重要な判断材料となったのは、上記のような紹介を受けた事実を証する次の書類であったと思われます。それに係る部分は次のとおりです。
> 　請求人の診療所では、「新規患者の名簿を備え付けており、当該名簿の『診療科名』欄には、当該患者を紹介した医院名等が記載されている。」
>
> （平成22年2月18日裁決・TAINS・F0-1-349）

　次に、先に示した東京高裁平成24年9月19日判決や平成13年3月30日裁決にも示されている「家事費」や「家事関連費」とはどのようなもので、事業所得に係る必要経費とどのように関係してくるのかをみてみましょう。

家事費と家事関連費についての理解

Q6 所得税ではよく家事費や家事関連費という用語を耳にしますが、これらはどのようなものですか？そして、これらの費用は事業所得に係る必要経費とどのように関わってくるのでしょうか？

A 家事費とは、自己又は家族の衣服費、食費など消費生活上の支出をいいます。また、家事関連費とは、事業所兼自宅に係る家賃や水道光熱費などのように、家事（生活）上の費用と事業上の経費が混在しているものをいいます。

　これらの家事費及び家事関連費は、原則、事業所得の金額の計算上必要経費に算入することはできません。

　しかし、家事関連費については、その費用の主たる部分が事業所得を生ずべき業務の遂行上必要なものであり、かつ、その必要である部分を明らかに区分することができる場合に、その部分に相当する経費に限って必要経費に算入できるとされています。

解　説

（1）家事費と家事関連費の意義等

　個人の事業所得者は、日常生活において、事業による所得の獲得活動のみならず、所得の処分としての私的な消費活動を行っているため、事業所得の金額の計算に当たっては、事業所得に係る必要経費と所得処分である家事費とを明確に区分する必要があります。

上記家事費とは、上述したように衣服費、食費、住居費、娯楽費、教養費など所得を得た後の個人の消費生活上の支出、すなわち所得の処分に相当するものをいいます。

　また、家事関連費とは、事業所兼自宅に係る家賃や水道光熱費などにみられるように、事業所得に係る必要経費の要素と所得の処分としての家事費の要素とが混在している費用をいいます。

　これらの家事費及び家事関連費については、事業所得の金額の計算に当たって、原則、必要経費に算入することはできないとされています（所法45①一）。

（2）家事関連費が必要経費とされるための要件

　上述したように、個人事業所得者にあっては、所得獲得行為として経済活動を行うと同時に消費活動も行っているので、支出したものを「必要経費」と「家事費」に区分することが求められますが、実務上、その区分は容易ではありません。両方の要素が混在している「家事関連費」についてはなおのことです。

　このため、所得税法上は、家事関連費について、次の金額に限って必要経費に算入することができるとしています（所令96）。

（イ）　家事関連費の主たる部分が事業所得を生ずべき業務の遂行上必要であり、かつ、必要な部分を明らかに区分できる場合…その明らかに区分できる部分の金額

　　　なお、上記「主たる部分」は支出する金額が50％を超えるか否かによって判定されます。しかし、50％以下であっても業務上必要な部分を明らかに区分することができる場合は当該部分に相当する金額を必要経費に算入することができます（所基通45-2。同45-1も参照）。

（ロ）　青色申告の場合…取引の記録等に基づいて事業所得を生ずべき業務の遂行上直接必要であったことが明らかにされる部分の金額

　以上から、家事関連費については、「業務遂行上必要な部分を明らかに区分できる場合」、その「必要である部分に相当する金額」が必要経費に算入することができるという結論が導かれます。

（3）調査において指摘される問題とそれに対する対応

　事業所得に係る必要経費に算入できるか否かの大きな問題としては、①支出した金額又は支払うべきとされた金額が、事業活動と直接関連をもち、かつ、事業の遂行上必要な費用と認められるかという点と、②家事費と家事関連費が挙げられます。そして、特に、家事関連費については、さらにそれが業務遂行上必要な部分として区分できるかどうかという問題があるように思われます。しかも、①と②の問題は、それぞれが単独ではなく、密接な関係にあります。

　①については、前述したように、課税庁の解釈が変更されたといえない以上、具体的な処理に当たっては、当面、上記解釈を念頭に事業所得に係る必要経費として算入できるものか否かを判断していくこと必要であると思われます。

　また、②の家事費や家事関連費に係る問題ですが、これを調査等において指摘されるケースを大まかに分類すると、（イ）明らかに家事費と思われるにもかかわらず事業所得に係る必要経費として算入しているケース、（ロ）家事関連費全額を必要経費に算入しているケース、及び（ハ）家事関連費を業務遂行上必要な部分とそれ以外の部分の区分けが適正に行われていないケースがあるように思われます。

　このような場合の対応としては、家事費を事業所得に係る必要経費から除くということがまず必要です。また、家事関連費であれば業務遂行上必要な部分（割合）をその根拠とともに示すことができる状態にしておくこ

とが求められます。

（裁決事例）

　　上記（2）に掲げた通達等が示す取扱いの妥当性等について、裁判所が示した判断を紹介しましょう。

　「衣食住費、教養費、養育費、趣味娯楽費等の家事上の経費は、事業所得等に係る収入を得るために直接必要な費用ではなく、所得の処分とみるべきものであるから、事業所得等の金額の計算上必要経費への算入を認めないものとされているところ、右通達（筆者注：所基通45-2。上記（2）参照）の定めは、店舗兼居宅に係る支払家賃のように事業の経費のほかに家事上の経費を含むいわゆる家事関連費については、客観的にみて業務の遂行上必要なことが明らかな部分に限り必要経費への算入を認める取扱いをすることを定めたものであり、（筆者注：所得税）法四五条一号及び法施行令九六条の趣旨に沿うものとして合理性を有するものというべきである。

　　以上のとおり、家事関連費が事業所得の金額の計算上必要経費と認められるためには、当該費用が事業と何らかの関連があるというだけでは足りず、……、それが事業所得を生ずべき業務の遂行上必要なものであり、かつ、その必要な部分の金額が客観的に明らかでなければならないというべきである。」

（東京地裁平成11年1月22日・税資240号40頁。その控訴審である東京高裁平成11年8月30日判決・税資244号432頁も同旨）

Q7 内科の診療所を営んでいますが、出身大学同窓会の会費等は、事業所得に係る必要経費として処理しても問題ありませんか？

同窓会等の活動が開業医師等の業務に直接関係するものと認められることは難しいように思われます。そうすると同窓会の会費等が所得を生ずべき業務の遂行上直接必要な経費と認められないため、必要経費として処理することはできないと思われます。

解説

（１）同窓会の目的等

　医科大学又は歯科大学を卒業された方の集まりである同窓会等は、その会則などによると、その活動目的は、一般的に、会員相互間の連絡及び情報交換並びに福祉厚生に関するものが多いようです。

　実際、同窓会等に参加することにより、業界の情報収集や広報活動、時には、同僚医師からの患者の紹介を受けることもあることなどからすれば、診療業務に何らかの利益をもたらすことがあり得るとしても、上記のような同窓会等の活動目的からすると、同窓生としての私的な立場で入会しているものが多いと思われます。

　加えて、仮に、上述したように診療業務に何らかの利益をもたらすことからすれば、同窓会の会費等はいわゆる家事関連費になりますが、同会費等の主たる部分が業務の遂行上必要であるともいいきれず、また、業務の遂行上必要である部分を明らかにすることも困難であると思われます。

　そうすると、これを事業所得に係る必要経費に全額算入することはできないと思われます。

（2）大学等主催の研修等

　ところで、大学によっては、卒業後、上記の同窓会費とは別途に「研修費」を徴収する場合があるようです。そのような場合には、研修内容が業務遂行上必要なものであれば必要経費として処理することができるといえます。

Q8 市の歯科医師会等に支払う福祉共済年度金、共済金及び福祉共済負担金は、事業所得に係る必要経費として処理しても問題ありませんか？

A 支払っている共済負担金等がどのような趣旨等で徴収しているかを確認する必要がありますが、一般的には、共済金の規則等によれば、医師個人の死亡時に支給される死亡給付金等の共済掛金的な性質のものである場合が多いようです。

このような場合は、歯科医業に係る必要経費として算入することはできないことになります。

解説

（1）一般的な共済負担金等の性質

各々の医師会又は歯科医師会の規則等を確認する必要がありますが、共済会費又は共済負担金等の名目で支払を求められるものの多くは、医師又は歯科医師個人の死亡時に支給される死亡給付金等の共済掛金的な性質にあるようです。

そうすると、これらの共済会費等として支払った金額を事業所得に係る必要経費に算入することはできません。

（2）共済負担金等の内容確認の必要性

ところで、共済負担金の額には、死亡共済金、火災共済金、災害共済金等これらの全給付を総合して決定されているものとあるようです。

このような場合には、事前に、医師会等に確認するなどして、必要経費の額に算入することができる火災共済に係る共済負担金の額とそれ以外の

家事費と認められる死亡共済等に係る共済負担金の額とに区分できるようにしておくことが必要です。

（裁決事例）

> 歯科医師である請求人が、支払った①歯科大学同窓会の会費、②市の歯科医師会への福祉共済年度金、共済金及び県福祉共済掛金並びに日本医師会への福祉共済負担金が必要経費として認められるか否かが争われた事例です。
>
> 国税不服審判所長が示した判断は次のとおりです。
>
> 同窓会会則やその活動目的、また大学卒業後の研修に要する研修費が同窓会費とは別に徴収されている事実等を踏まえて、「同窓会の活動が請求人の業務に直接関係するものに限定されていると認めることはできないし、その会費が所得を生ずべき業務の遂行上直接必要な経費とは認められない」と判断しました。
>
> また、共済負担金については、それに係る規則をもとに、「医師個人の死亡時に支給される死亡給付金等の共済掛金的な性質の支出金であることが認められる」。そして、「歯科医師会福祉共済の給付には、死亡共済金、火災共済金、災害共済金、全盲共済金及び疾病共済金があり、診療所を指定物件としていることにより必要経費の額に算入できる火災共済に係る共済負担金の額が含まれているが、共済負担金の額は、これらの全給付を総合して決定され、また、共済の運営は一本化されているから……必要経費の額に算入することができる火災共済に係る共済負担金の額と家事費と認められる死亡共済等に係る共済負担金の額とに明らかに区分することができない」として、これについても必要経費への算入を認めませんでした。
>
> （平成13年3月30日裁決・裁決事例集61集129頁参照）

Q9 政治家の政経セミナー会券代・講演会会費、議員への当選祝い等の取扱いについて教えてください。

　政経セミナー会券代・講演会会費、議員への当選祝金などとして支出した金員が所得を生ずべき業務の遂行上直接必要な経費であるとすることは難しいと思われます。
　したがって、事業所得に係る必要経費として算入することはできないと思われます。

解説

　ある支出等が必要経費として控除できるためには、前述したようにそれが事業活動と直接関連をもち、かつ、事業の遂行上必要な費用でなければならないとされています。
　通常、政治家の講演会出席のための会費は、その政治家の政治的後援活動を行うことを目的とする場合が多いにもかかわらず、その出席のために支出した金額については、業務の遂行上必要な費用であるとか情報収集のために必要であるなどとして事業所得に係る必要経費に算入されている場合が多いように思われます。
　しかし、何からの情報を入手できたとしても、それが上記要件を充たすものとまではいえないでしょう。
　また、仮に、その講演会において業務に係る何らかの情報を得ることができたとしても、事業上の必要経費として認められるためには、その業務の遂行上直接必要な部分を明らかにすることが求められますが、同部分を明らかにすることも極めて困難、むしろできないといった方がいいかもしれません。

このようなことからすると、いずれにしても事業所得に係る必要経費としてその支出した金額の全額を算入することは難しいといえます。

Q10 私は、自ら歯科診療所を開設する前から「博士（歯科）」の学位取得のために特別研究生として大学に在籍しています。この場合、大学に支払う学費は事業所得に係る必要経費に算入できるでしょうか？

A 本件の場合、特別研究生としての学費は、主として一身専属的な新たな地位である「博士（歯科）」学位の資格を取得するために支出したもとであると認められます。そうすると、同学位取得のために大学に支払った学費は、客観的にみても、現在営んでいる歯科診療所の業務の遂行上、直接かつ通常必要なものとまで認められることは難しいと思われます。

したがって、その場合は事業所得に係る必要経費に算入することはできないこととなります。

解説

（1）家事費・家事関連費と必要経費

　個人事業者の場合は、所得稼得の事業主体であると同時に所得の消費主体でもあることから、所得税法 37 条 1 項の別段の定めである同法 45 条 1 項 1 号の規定により、消費主体としての支出は家事費とされ事業所得に係る必要経費に算入することはできません。また、事業主体であると同時に消費主体としての支出は、事業所得に係る必要経費としての性質と家事費としての性質を併せ持つ家事関連費とされ、これも所得税法 45 条 1 項 1 号により、原則として事業所得に係る必要経費に算入することができないとされています。

（2）家事関連費が必要経費として認められるための要件

　この家事関連費については、所得税法施行令96条1号の規定により、①その主たる部分が事業所得を生ずべき業務の遂行上費用であり、かつ、その必要である部分を明らかに区分することができる場合における当該部分に相当する経費、②また、青色申告者の場合であれば、取引記録等から、事業を生ずべき業務の遂行上直接必要であったことが明らかにされる部分の金額が事業所得の金額の計算上必要経費に算入することができるとされています（所基通45-1及び45-2参照）。

（3）本件への当てはめ

　本件のように「博士（歯科）」学位を取得することが歯科医業に係る収入を得るために全く関係しないと言い切ることも難しいかもしれません。しかしながら一方で、診療所を開設する前から特別研究生として在籍しており、また、学位の取得があなたが営む診療所の業務遂行上必要であるかというとそうとまでも言い切れないと思われます。

　さらに、大学の学費については、家事関連費が事業所得に係る必要経費として算入できるための上記（2）記載の要件に照らして判断する必要があります。

　そうすると、いずれの場合においても該当しないことから必要経費として算入することはできないという結論が導かれると思われます。

（裁決事例）

> 　歯科医師である請求人が、歯科医院を開業前から大学の特別研究生として、歯科臨床系の歯科麻酔学を専攻していたところ、同人がこの専攻のために大学に支払った学費が請求人が営む歯科医業に係る事業上の必要経費となるか否かが争点となった事例です。

この争点について国税不服審判所長が示した判断は次のとおりです。

　大学の特別研究生制度が、大学院に入学することなく研究に従事、論文の作成によって、博士（歯科）の学位を申請する資格を得ようとするものであるしたうえで、請求人は、自らの診療所「開業以前から……大学の特別研究生として歯科麻酔学の研究を行っていることから、本件学費は、専ら歯科医業という業務の遂行上の必要性に基づいて支出されたものというよりも、主として一身専属的な新たな地位である学位の資格を取得するために支出されたものであると認められること、また、学位を取得しなくても、通常、歯科医業の遂行は可能であることから、学位の取得は業務遂行上必要とまではいえない。
　したがって、本件学費は、業務遂行上、直接かつ通常必要なものと客観的に認めることはできないので、所得税法第37条第1項に規定する必要経費に該当しない。」との判断を示しましたが、一方で、「本件学費は、主として一身専属的な学位を取得するための支出であると同時に、その支出により歯科医業に有益な知識等を得ることができること、及び学位の取得により将来歯科医業に何らかの利益が得られることから、請求人の営む歯科医業に関連性を有する支出であるとも認められる」が、「①その主たる部分が業務の遂行上必要であり、かつ、業務遂行上必要である部分を明らかに区分することができる場合、又は②取引の記録等により、業務の遂行上直接必要であった部分の金額が明らかである場合のいずれにも該当しない」から、所得税法施行令96条の規定に基づき必要経費に算入できる部分の金額はないと判断しました。

（平成13年9月27日裁決・TAINS・F0-1-152）

措置法 26 条の適用について

Q11 社会保険診療報酬に係る概算経費率とは何ですか？

A 医業又は歯科医業を営む個人が支払を受ける社会保険診療報酬に係る経費については、その支払を受けるべき金額に一定の率（57％～72％）を乗じて計算した金額を社会保険診療に係る費用として必要経費に算入できるとされています。
この「一定の率」が、通常、概算経費率を呼ばれるものです。

解説

(1) 制度の概要

　医業又は歯科医業を営む個人が、社会保険診療報酬として支払を受ける金額がある場合、その年に受ける社会保険診療報酬が 5,000 万円以下であり、かつ、個人病医院に係る医業等から生ずる事業所得に係る総収入金額が 7,000 万円以下である場合には、特例として、その年の事業所得の金額の計算上、その社会保険診療報酬に係る費用として必要経費に算入することができる金額は、その社会保険診療報酬の額に次表の速算式を適用して計算した金額にすることができるとされています（措法 26 ①）。

　したがって、事業所得に係る必要経費として実際に計算した金額が、上記租税特別措置法 26 条によって計算された金額（概算経費）を上回る場合は、実際に計算した金額を必要経費として所得金額を算出することになります。

　なお、この特例の適用を受けるためには、確定申告書に、この特例を受

けて所得金額を計算した旨を記載しなければなりません（措法26③）。

(速算表)

社会保険診療報酬	概算経費率の速算表
2,500万円以下の金額	社会保険診療報酬×72%
2,500万円超〜3,000万円以下の金額	〃 ×70%＋ 50万円
3,000万円超〜4,000万円以下の金額	〃 ×62%＋290万円
4,000万円超〜5,000万円以下の金額	〃 ×57%＋490万円

(2) 社会保険診療報酬の範囲

　この特例の対象となる社会保険診療報酬の範囲は、租税特別措置法26条2項各号に定められています。

　したがって、同法26条2項各号に掲げられていない法律に基づく収入は、社会保険診療報酬とはなりません（自由診療に係る収入として取り扱われます。）。

(3) 計算の仕組み

　社会保険診療報酬と自由診療収入の収入がある場合、この特例の適用を受けられるのは、社会保険診療報酬に係る費用に限られるので、まず社会保険診療と自由診療のいずれの経費か明らかなものを把握することになります。次に、両方に共通する経費を、社会保険診療報酬と自由診療収入の割合、使用薬価、延患者数などの合理的な基準によって按分することになります。

　なお、自由診療に係る経費については、上記方法によって算出された費用の額に診療科に応じた次の調整率を乗じて計算することとされています。

　具体的に、次の簡単な設例に基づいて計算をしてみましょう。

> （設例－内科）
>
> 社会保険診療報酬　　　3,500万円
> 自由診療収入　　　　　1,500万円
> 診療に要した費用　　　2,030万円（事業税30万円を含みます。）
>
> 〈計算——収入金額によって自由診療収入の割合を求めた事例〉
>
> $$自由診療収入の割合 = \frac{1,500万円}{(3,500万円 + 1,500万円)} \times 0.85$$
> $$= 0.255$$
>
> 自由診療収入に係る経費
>
> （2,030万円 － 30万円）× 0.255 ＋ 30万円 ＝ 540万円
>
> 社会保険診療報酬に係る経費
>
> 2,030万円 － 540万円 ＝ 1,490万円
>
> 概算経費率をもとに計算した場合の社会保険診療報酬に係る経費
>
> 3,500万円 × 0.62 ＋ 290万円 ＝ 2,460万円
>
> 2,460万円 ＞ 1,490万円
>
> ∴概算経費率を適用した方が、必要経費を多く計上できることになります。

　上記設例は診療科目が「内科」の場合ですが、診療科目によって若干「調整率」は異なります。

（診療科目調整表）

診療科目	調整率	診療科目	調整率
内科 耳鼻咽喉科 呼吸器科 皮膚科	85%	眼科 外科 整形外科	80%
		産婦人科 歯科	75%

Q12 自由診療収入に係る固有の経費とされるものにはどのようなものがありますか？

 自由診療収入に係る明らかな経費としては、事業税及び消費税があります。

解 説

　社会保険診療報酬と自由診療収入がある場合、自由診療収入に係る経費は、医薬品の売上原価や人件費など診療に要した経費から自由診療に係る独自の経費を抜き出して、その控除の金額を社会保険診療報酬と自由診療収入の割合、使用薬価、延患者数等合理的な基準に基づいて按分することになります。

　この場合、自由診療収入に係る独自の経費としては、通常、事業税や消費税が挙げられますが、裁決事例には、整形外科医業を営む者が、医薬品外の一部仕入金額についても認められた事例があります。

（裁決事例）

> 　整形外科医業を営む請求人が、社会保険診療報酬に係る経費と自由診療収入に係る経費と明らかに区分できる（固有経費）には、事業税のほか医薬品外の仕入れの一部及び検査委託料があると主張したのに対して、課税庁が事業税だけであるとして更正処分を行った事案です。
> 　国税不服審判所長は、次のような理由により、医薬品外の仕入れのうち、①コルセット、サポーター等の衛生材料及び②検査委託料の２

点について、自由診療収入に係る固有経費として認められるとの判断を示しました。

「(A) b　コルセット、サポーター等の衛生材料

　　コルセット、サポーター等の衛生材料については、請求人は、……患者に対して診療費としてではなく、実費負担分として請求していることが認められ、かつ、窓口で当該患者から徴したコルセット、サポーター等の衛生材料に係る収入の全額を自由診療収入として各年分において計上していることから、これらは、診療録及び帳簿書類等から自由診療収入に係る固有経費として区分できると認められる。

(B)　検査委託料

　　請求人は、……検査委託料の総額から自由診療に係る診療録を基に自由診療収入に係る検査委託料の額を抽出し、その余の部分を保険診療収入に係る検査委託料の額としており、当該委託料は、診療録及び帳簿書類等から固有経費として保険診療収入と自由診療収入とに区分できると認められる。」

(平成5年2月26日裁決・TAINS (F0-1-086))

青色事業専従者給与等について

Q13 医業を営む青色申告者ですが、患者数も増えてきたので妻に手伝ってもらいその対価として青色事業専従者給与を支払いたいと考えています。その場合の手続き等を教えてください。

A 青色事業専従者に該当するには、①年を通じて6か月を超える期間について、専ら青色申告者の事業に従事していること、②「青色事業専従者給与に関する届出書」に所定の事項を記載して、その年の3月15日までに所轄税務署長に提出していることが必要です。

また、上記届出書に記載する青色事業専従者給与の額は、従事した期間、労務の性質及びその提供の程度等をみて労務の対価として相当な金額ですが、当該金額は必要経費に算入することができます。

解説

個人事業者に係る青色申告については第1章で述べたところですが、ここで、今一度、青色申告のための要件と特典の1つである青色申告特別控除について整理してみましょう。

（1）青色申告と青色申告特別控除

青色申告とは、事業所得等生ずべき業務を営む者が税務署長の承認を受けて、青色の申告書を提出するというものです（所法143）。この承認を

受けている青色申告者は、所定の帳簿書類を備え付けてこれに記録し、また同書類の保存が義務付けられています（所法148）。

ところで、青色申告者のうち、不動産所得又は事業所得を生ずべき業務を営む者は、これらの所得金額に係る取引内容を正規の簿記の原則に従って記録し、その帳簿書類に基づいて作成された貸借対照表、損益計算書等を確定申告書に添付してその期限まで提出すると、これらの所得金額から最高65万円を控除することができます（措法25の2③）。これが「青色申告特別控除」です。

なお、このような65万円控除の適用が受けられない青色申告者については、最高10万円の特別控除が認められています（措法25の2①）。

このほかにも青色申告の場合は、いわゆる白色申告と異なり様々な税法上の特典がありますが、青色事業専従者給与額の必要経費の算入について、その支給対象となる者と支給額の決定に絞って解説します。

（2）青色事業専従者給与等
❶青色事業専従者の要件

青色事業専従者は、次に要件を全て満たさなければなりません（所法57①②、所令165、所規36の4）。

（イ）　生計を一にする配偶者その他の親族であること

（ロ）　その年の12月31日現在、年齢が15歳以上であること

（ハ）　年を通じて6か月を超える期間、専ら青色申告者の事業に従事していること

　　　ただし、年の途中で開業した場合など一定の事由に該当するときは、その事業に従事できると認められる期間を通じてその期間の2分の1を超える期間、専ら従事すれば足ります。

（ニ）　「青色事業専従者給与に関する届出書」（青色事業専従者の氏名、

その職務の内容及び給与の金額、支給時期など）をその年の3月15日までに税務署長に提出していること

❷青色事業専従者給与

　青色申告者が青色事業専従者に支払った給与については、（ⅰ）その労務に従事した期間、労務の性質及びその提供の程度、（ⅱ）その事業に従事する他の使用人が支払を受ける給与の状況、（ⅲ）その事業と同種でその規模が類似するものに従事する者が支払を受ける給与の状況、（ⅳ）その事業の種類及び規模並びにその収益の状況に照らして、労務の対価として相当であると認められる金額を必要経費に算入することができます（所法57①、所令164①）。

（3）事業専従者給与

　青色申告者以外のいわゆる白色申告者の場合は、生計を一にする配偶者やその他の親族（15歳未満の者を除きます。）で専らその事業に従事する者（これを「事業専従者」といいます。）がある場合には、その事業所得等の金額の計算上、次のいずれか低い金額が必要経費とみなされます（所法57③）。

　（イ）　事業専従者が配偶者である場合は80万円、配偶者以外の親族の場合は50万円
　（ロ）　その年分の当該事業に係る事業所得等の金額を当該事業に係る事業専従者の数に1を加えた数で除して計算した金額

（4）調査において指摘される青色事業専従者給与に係る問題とそれに対する対応

　このような青色事業専従者給与については、上記（2）❷において述べたように事業所得に係る必要経費として算入できるのは「労務の対価として相当であると認められる金額」ですが、調査において、支払った青色事

業専従者給与の額が「労務の対価として相当」か否かが争われる事例が少なくありません。

　調査の際には、まず、従業員に支払っている給与の額との比較から検討される場合が多いと思われます。

　したがって、妻等に支払う青色事業専従者給与の額を決定するに当たっては、従業員に対する給与の額を考慮に入れながら、職務の内容に応じた「労務の対価として相当」であるといえる算定根拠を説明できるように金額を決定する必要があります。

Q14 青色事業専従者に対する給与支払額を決定するとき、どのような点に注意すればいいでしょうか？

A 青色事業専従者給与は、労務の対価として相当であると認められる金額を必要経費に算入することができるとされています。

そして、上記相当か否かの判断に当たって、所得税法では、①労務に従事した期間、労務の性質及びその提供の程度、②その事業に従事する他の使用人が支払を受ける給与の状況、③その事業と同種でその規模が類似するものに従事する者が支払を受ける給与の状況、④その事業の種類及び規模並びにその収益の状況に照らして判断するとされています。

なお、青色事業専従者給与の額が決定した場合には、「青色事業専従者給与に関する届出書」に所定の事項を記載して、税務署長に提出しなければなりません。

解説

（1）青色事業専従者給与額決定に係る所得税等の規定

事業所得の金額の計算上必要経費算入することができる青色事業専従者給与については、「青色事業専従者給与に関する届出書」に記載した金額の範囲内で支払われた給与のうち、その労務に従事した期間、労務の性質及びその提供の程度、その事業に従事する他の使用人が支払を受ける給与の状況及びその事業と同種の事業でその規模が類似するものに従事する者が支払を受ける給与の状況、その事業の種類及び規模並びに収益の状況に照らし、その労務の対価として相当であると認められる金額として客観的

に認識できるものでなければならないとされています（所法57①、所令164①及び165①）。

したがって、このような諸要素を考慮に入れながら、青色事業専従者給与の支給額を決定していくことになります。

なお、青色事業専従者給与の支給に当たっては、その年の3月15日まで（途中で開業した場合には、その事業を開始した日から2か月以内）に「青色事業専従者給与に関する届出書」を所轄税務署長に提出しなければなりません（所法57②、所規36の4①）。

ところで、事業所得の金額の計算において必要経費に算入できる青色事業専従者の給与の額は、上記届出書の記載されている金額の範囲内において給与の支払を受けた金額に限られるところ、時として、同届出書記載の金額を超えて支給している場合があるので注意が必要です。

また、支給額を変更する場合も、遅滞なく、その変更する内容及びその理由等必要な事項を記載した書類を所轄税務署長に提出しなければなりません（所令164②、所規36の4②）。

（2）事例紹介にみる「労務の対価として相当な額」の算定

以下では、このような青色事業専従者給与の額が争点となった2つの事例をみていきましょう。

(裁決事例１)

　医師の資格を有する妻に対する青色事業専従者給与の金額が争点となった事例です。
　これについて、国税不服審判所長は、青色事業専従者給与の趣旨を関係法令から説明した後に、次のような判断を示しました。

　「労務の対価として相当であると認められる金額は、客観的に認識できるものでなければならないと解される」「妻……の比準対象として適切な使用人（医師の資格を有する者）は、請求人が雇用する使用人の中には認められない」として、審判所は、「本件各年分の労務対価として相当な青色事業専従者の給与を判定する方法として、請求人と立地条件等を同じくする同規模の医業を営む者（筆者注：いわゆる類似同業者）に、医師として従事する青色事業専従者及び使用人の平均給与の金額」を算出して、これを妻の本件各年分における労務の対価として相当な金額としました。
　これにより、本件各年分の妻に対する青色事業専従者給与額のうち、上記平均給与の金額を超える部分の金額は事業所得の金額の計算上、必要経費に算入することはできないとされました。
（平成22年2月18日裁決・TAINS（F0-1-349））

　上記裁決事例において、課税庁は専従者である妻の従事期間が6か月を超えるとは認められないとして専従者給与額の必要経費算入自体を否認しましたが、審判所は、上記のとおり「類似同業者」から各年分5人又は6人の「医師として従事する青色事業専従者及び使用人」を抽出して、各年分ごとに平均給与の金額を算定しています。

「労務の対価として相当な額」の算定において、平均給与でいいのかという議論もあるかもしれません。しかし、所得税の場合には、審判所が独自に算定した本件のような場合に限らず、課税庁が行う場合であっても「類似同業者」から抽出した者の単純加重平均によって求めている場合が多いようです。

　次に紹介する裁決事例は、医師等特別の資格を持たない青色事業専従者である妻に支払った青色事業専従者給与の金額が争点となった事例です。ここでも「類似同業者」の青色事業専従者及び使用人に対する給与の額を基に「労務の対価として相当な額」を算定する方法をとっています。

　このような方法は、裁決事例2の判断に示されているように「業種の同一性、事業規模の類似性等の基礎的要件に欠けることがない限り、当該従事する者の個別具体的事情が捨象される合理的な方法」とされています。

(裁決事例２)

　内科診療等を営む請求人が、窓口業務、電話対応、カルテ整理、レセプト業務及び清掃等の受付・診療報酬請求業務等を行っていた配偶者に支払っていた青色事業専従者給与の金額が争点となった事例です。なお、上記配偶者は、医師、看護師、保健師等の資格は有していませんでした。
　これについて、国税不服審判所長は、次のような判断を示しました。

　診療所には、配偶者と労務の性質が類似する他の使用人（Ｐ１）がいましたが、「配偶者及びＰ１がそれぞれ労務に従事した時間、労務の提供の程度等が記録されたものはなく、その差異は明確でないから、Ｐ１が支払を受ける給与の状況と比較する方法で本件配偶者の労務の対価として相当であると認められる金額を算定することは相当ではない」としてうえで、「類似同業者に従事する者が支払を受ける給与の状況に基づき労務の対価として相当であると認められる金額を算定する方法は、業種の同一性、事業規模の類似性等の基礎的要件に欠けるところがない限り、当該従事する者の個別具体的事情が捨象される合理的な方法と認められる」との判断に基に「類似同業者」が選定され、当該類似同業者の青色事業専従者又は使用人が支払を受ける給与の平均をもって配偶者に対する労務の対価として相当であるとしました。

（平成27年4月13日裁決・TAINS（J99-2-07）

Q15 内科の診療所を営む者ですが、従業員であった母親の死亡に伴って支出した弔慰金及び香典は必要経費になりますか？
なお、当診療所では弔慰金の支払いに関する規定はありません。

A 従業員への弔意を表すためとして支出される費用が必要経費になるか否かは、当該弔意の目的、事業主と従業員との関係、金額及び算定根拠、従業員の勤務歴、慶弔規程の有無及びその内容、支給事例等を総合勘案したうえで、個々の支出ごとに、社会通念に従い、業務の遂行上必要か否かによって判断することになります。

解説

　事業所得に係る必要経費は、業務との関連性だけでなく、業務の遂行上必要であることの要件も求められるところです。しかし、業務の遂行上いかなる支出をするか、また、業務の遂行上必要であるかどうかの判断も第一次的には事業主の判断によるものと思われます。そうすると、このような必要性の判断を事業主の判断にのみ委ねていたのでは租税の負担を不当に減少させる結果が生じる場合が考えられます。このため、課税の公平の観点から、その支出のうち客観的に通常かつ必要と認められるもののみを必要経費に算入すべきと解されています。
　加えて、事業主と従業員との関係には、業務上の関係ほか、友人・知人・親族等と同様の社交的関係も存在することから、事業主が負担した従業員絡みの出費が常に業務関連性を有しているということはできません。
　このため、従業員への弔意を表すために支出される費用については、当該弔意の目的や事業主と従業員との関係、金額及びこの算定根拠等を総合

勘案して、個々の支出ごとに判断するということになります。

(裁決事例)

> 医業を営む請求人が、従業員(事務長)であった母親の死亡に伴って処理した弔慰金(300万円)及び香典(20万円)について、事業所得の金額の計算上必要経費として認められるか否かが争点となった事例です。
> これについて、国税不服審判所長は次のような判断を示しました。
>
> 「本件弔慰金については、その支払者である雇用主と受取人は同一である請求人自身と認められるところから、事業主が自らの判断において本人自身の所得金額を算定するに当たり控除する必要経費の金額を決定し得ることとなり課税の公平を損なうことにもなるところ、請求人は、親族である従業員の死亡に伴い本件弔慰金を必要経費として経理処理したものであり、その支払理由があいまいであり、また、金額の算出方法にも合理性、整合性が認められないから、事業と直接の関連性を有し、客観的に事業遂行上通常かつ必要なものとは認められない。」
> 「親子、夫婦等親族間で執り行う葬儀は、親族として当然行われるものであって、社会通念上個人の私的行事として認められるものであるから、事業所得者が当該葬儀に伴い支出する費用はその業務の遂行上通常必要な費用とは認められない。」
>
> (平成9年12月10日裁決・裁決事例54集141頁)

従業員等の慶弔の際に雇用主が金品等を渡すことはよくあることであると思われます。このため、課税庁は、使用者から雇用契約等に基づいて結婚祝金品等の支給を受けた場合（所基通28-5）のほか、葬祭料や香典等の見舞金を受け取った場合（同9-23）について取扱いを明らかにしているところです。上記事例との争点など参考にしてください。

その他

Q16 学会の費用は必要経費になりますか？

A 医療業務を遂行する上での専門知識の習得や医療技術向上等を目的として組織されている学会に所属して徴収される会費やその参加費用は必要経費として認められます。

解説

　事業所得に係る必要経費として認められるのは、それが事業活動と直接関連をもち、かつ、事業の遂行上必要な費用でなければならないとされていることは前述したとおりです。

　学会とは、一般的に、同じ研究分野の人たちが互いの連絡、知識や情報の交換のほか研究成果の発表などのために組織された団体といわれます。医業等の分野においても日々様々な情報が発信されているところです。そのような中にあって、学会に参加すること等によって得られる様々な情報や技術等を収集・修得等することは医業等の営む上で必要なことであると思われます。

　したがって、対象となる「学会の費用」が、自ら営む医業等と直接関連をもち、かつ、その遂行上必要な費用であれば、必要経費として認められます。

Q17 当方の不注意で患者さんから損害賠償請求されました。医師賠償責任保険に個人加入していますが、支払った保険料や損害賠償金は必要経費になりますか？

保険契約が「医療施設の開設者」として行われているものであれば必要経費になります。
また、このような契約を前提にすれば、患者さんから請求された損害賠償金が、事業所得に係る必要経費として算入できるのは、事故と業務関連性が認められ、事故原因に故意又は重大な過失がなかった場合に限られます。

解説

保険料と損害賠償金に分けてみていきましょう。

(1) 保険料

医師賠償責任保険は、日本医師会の会員を対象にされている「日本医師会医師賠償責任保険」と同会員となってない方が民間の保険会社との間で契約する「診療所賠償責任保険」(保険会社によって名称が異なる場合があります。以下同じ。)等に大別されるかと思いますが、いずれの場合も「医師賠償責任保険」と「医療施設賠償責任保険」がセットされた保険です。

保険の対象は、被保険者である「開設者個人」(法人組織の場合であれば法人)の方とその医療施設ですが、その医療業務を補助する勤務医師や看護師、その他の使用人が不注意等で起こした医療事故によって開設者個人が負担することとなる法律上の賠償責任も対象になるとされています。

したがって、医療施設の開設者が支払う保険料は、業務の遂行上直接必

要な支出ということで必要経費に算入できます。

　ところで、医療施設に勤務するいわゆる「勤務医師」の場合は、民間の保険会社の場合には上記保険に特約条項を設けて契約する場合もあるようですが、多くの場合は「勤務医師賠償責任保険」にされている場合が多いようです。このような勤務医師の場合、医師が医院や病院などに勤務して受け取る金員は、通常、雇用契約又はそれに類する契約に基づいて受け取る給与所得に該当します。給与所得は給与収入から給与所得控除額を差し引いて計算されますが、勤務医師賠償責任保険に係る保険料を給与所得控除額と別途控除することはできません（所法28②③、57の2）。

（2）損害賠償金

　損害賠償金には、慰謝料、示談金、見舞金等の名目を問わず、他人に与えた損害を補てんするために支払う一切の金額が含まれます（所基通45-7）が、このような損害賠償金が事業所得に係る必要経費に算入できるか否かは、その行為者が誰か、事故との業務関連性の有無及び事故原因に故意又は重大な過失があったかどうかにより判定されます。

　したがって、行為者別に整理すると次のように考えることができます。

❶行為者が事業主の場合

　事故が業務に関連のない場合はそもそも必要経費になりません。

　また、業務関連性を有する場合でも事故原因に故意又は重大な過失があった場合は必要経費とは認められません。

　したがって、業務と関連性が有り、かつ、事故原因に故意又は重大な過失がない場合に必要経費に算入できることになります。

❷行為者が使用人の場合

　使用人（業務を営む親族でその業務に従事している者（この回答において「家族従業員」といいます。）を含みます。）の行為に基因する損害賠償金を負担した場合には、次のとおりとなります。

(イ) 事業主に故意又は重大な過失があった場合には、使用人に故意又は重大な過失がなかったとしても必要経費としては認められません。

(ロ) 事業主に故意又は重大な過失がない場合には、使用人に故意又は重大な過失があったどうかを問わず、

　イ．業務の遂行に関連する行為に基因するものであれば、<u>当該使用人の従事する業務に係る所得の金額の計算上</u>必要経費に算入することができます。

　ロ．業務の遂行に関連しない行為に基因するものは、家族従業員以外の使用人の行為に関し負担したもので、雇用主の立場上やむを得ず負担したものについては<u>当該使用人の従事する業務に係る所得の金額の計算上</u>必要経費に算入することができますが、その他のもの（家族従業員の行為に関し負担したものを含みます。）については、必要経費に算入することはできません。

なお、上記の重大な過失があったか否かは、一般的に、加害者の職業、地位、加害者当時の周囲の状況、侵害した権利の内容及び取締法規の有無等の具体的な事情を考慮して、加害者が本来払うべきであった注意を払っていたかどうかにより判定されます。

以上を表にまとめると次のようになります。

行為者	業務関連性	故意又は重大な過失の有無	必要経費算入の可否
事業主	無	—	×
	有	有	×
		無	○

行為者	事業主に故意又は重大な過失の有無	業務関連性	必要経費算入の可否
使用人（家族従業員を除く）	有	―	×
	無	有	○
		無	×(注)
家族従業員	有	―	×
	無	有	○
		無	×

「病院・医院の税務処理と申告書の記載例」146頁参照　上村恒雄・石橋秀樹（清文社）

（注）雇用主としての立場上やむを得ず負担したものに限られ、それ以外のものについては使用人に対する経済的利益（給与）として源泉徴収の対象になります。

その他

Q18 外注先Aの従業員（歯科技工士等）に対して、勤務時間外に実施した研修等に参加した謝礼として支払った金品は交際費とすることはできますか？

A 歯科技工士等が参加した研修、研究開発等が、歯科医業を営む者の本来の業務であると認められれば、支出された金品は、それらに対する謝礼であるから、不相当に高額なものでない限り、必要経費として認められます。

解説

（1）必要経費の基本的考え方

　事業所得に係る必要経費に該当するか否かは、その支出が所得を生ずべき業務と直接関係し、かつ、業務の遂行上必要なものに限られるかという視点から検討すべきである旨前述したところです。

　そして、その判断に当たっては、業務の内容や当該支出の趣旨・目的等の諸般の事情を総合的に考慮して、社会通念に照らして客観的に行われなければならないとされているところです。

（2）本件における当てはめ

　下記裁決の判断にも示されているように、請求人が実施した研修等には、本来、A社が自らの従業員に対して実施しなければならないものも含まれているようにも思われます。

　しかしながら、歯科技工士が行う歯科技工は、原則、歯科医師の指図書に従わなければならないこと、また、具体的な新技術の研究開発等については通常歯科医師の指導の下で行われ、さらに、その研究開発等を実施し

た場合の謝礼は歯科医師が支払っているという業界の現状を上記「基本的な考え方」に当てはめることになります。

　そうすると、歯科技工士等が参加協力した研修、研究開発等の目的、業務内容とそれを実施した歯科医師の業務との関連性、必要性を踏まえると、収入金額と相当の因果関係を有すると考えられ、支出金額も不相当でない限り、必要経費として認められることになります。

（裁決事例）

　歯科医業を営む請求人が、歯科技工の外注先であるＡ社の歯科技工士等に対して、請求人の業務に協力してくれた謝礼として支払った金品（一人当たり現金５万円及び商品券５万円の合計10万円）が必要経費として認められるか否かが争点となった事例です。
　これについて、国税不服審判所長は、次のような判断を示しました。

「歯科技工士等が、参加協力した研修、研究開発等は、その目的、業務内容からして、そのことにより当該歯科技工士等の歯科技工に対する知識及び技術が高まるなど、当然のことながら、Ａ社の従業員として、しなければならない研修、研究開発等も含まれ、Ａ社本来の業務に寄与する要素もあることは否定できないが、……、これらの研修、研究開発等は、歯科医師が業務の一環として実施するのが業界の通例であることが認められることから、本件については、主として請求人が、請求人本来の業務に、当該歯科技工士等を参加協力させたものであると認めるのが相当である」。「以上のことから、当該歯科技工士等が参加協力した研修、研究開発等は、主として請求人本来の業務であると認めるのが相当であり、支出された本件金品は、それらに対する謝礼であるから、請求人の事業との関連性、必要性からみて、収入と相当の因果関係を有し、有益かつ有効なものであり、また、その支出目的、支出の相手、支出金額も社会通念からみて不相当なものではなく合理性が認められる。」

（昭和61年１月27日裁決・裁決事例31集28頁）

第3章

Q&A 法人の営業経費の損金性

個人が病院や介護事業を経営する場合と法人としてそのような事業を経営する場合では、営業経費の取り扱いが異なります。

第1章、第2章では、所得税法が適用される個人事業者について、事業に関連して発生した経費が必要経費として控除できるか否かについて解説しました。本章では、法人税法が適用される病院や介護事業等を経営する医療法人の営業経費について、どのような支出が損金になり、どのような支出が税務調査で損金算入を否認されるリスクがあるかについてQ&A形式で解説します。

前提として、医療法人の類型について整理してみました。

（前提）医療法人には3つの類型があるのですか？

医療法人を設立するにあたっては、医療法等に規定する手続きにより3つの類型があると聞きましたが、どのようなものですか？

❶医療法人
　医療法39条により設立された病院や診療所、介護老人保健施設で、都道府県知事の認可を受けて設立されます。
❷特別医療法人
　公的な運営の確保等を目的に1997年の医療法改正で創設しましたが、税制上の優遇を受けられないことなどから普及は進まず2012年に廃止されました。
❸社会医療法人
　公益性を担保する条件を満たし、都道府県知事の認定を受けて医療法第42条の2の規定により設立される医療法人です。病院業務以外の収益を、病院などの本来業務に充てることができます。

(前提)

> ❹特定医療法人
> 　租税特別措置法 67 条の 2 に規定する医療法人です。社団又は財団である医療法人で持分の定めがないもの。40 人以上の入院又は救急有床診療所で厚生労働大臣の証明を受けたものであり、国税庁長官が承認した医療法人で、税制上の優遇があります。

解説

(1) 全国の病院の約6割は医療法人

医療法 39 条は次のように規定しています。

> ［三十九条］
> 　病院、医師若しくは歯科医師が常時勤務する診療所又は介護老人保健施設を開設しようとする社団又は財団は、この法律の規定により、これを法人とすることができる。

　株式会社等の普通法人は剰余金の配当を配当することで、出資者に利益を還元しますが、医療法人には剰余金の分配が認められていません（医療法 54 条）。法人税法上の取り扱いは原則として普通法人と同じです。

(2) 特別医療法人

　1997 年の医療法改正により創設されたもので、役員が同族関係者で病院を支配することによる弊害を避けることを目指しました。公的な運営を確保し、残余財産の帰属先を制限する等の要件を満たし、医療業務に支障のない範囲で医療外収益を医療経営に充てることを可能としました。しかしながら、税制上の優遇を受けられないことなどから普及は進まず、

2012年3月末日をもって廃止されました。

特別医療法人の理事に対して、過大な給与を支払うことは禁じられていました。

（3）社会医療法人

公益性の担保を主たる目的に、都道府県知事の認定を受けて設立される医療法人です。医療業務以外の比較的幅広い事業から得られる収益を、病院などの本来業務に充てることができるため、医療業務の非営利性を保ったまま、透明な経営のもと、効率的に地域医療の安定化を実現することを目指す制度です。必ずしも採算性のあるとは言えない救急医療、僻地医療、災害医療などの地域医療は、継続的なサービス提供が求められますが、慢性的な赤字体質から脱却できず、医療機関の閉鎖も頻発しました。従来の特別医療法人をもとに制度化された方式が社会医療法人です。

法人解散時の残余財産は、国、地方公共団体等に帰属します。

（4）特定医療法人

特定医療法人とは、租税特別措置法に基づく財団又は持分の定めのない社団の医療法人であって、その事業が医療の普及及び向上、社会福祉への貢献その他公益の増進に著しく寄与し、かつ、公的に運営されていることにつき国税庁長官の承認を受けたものです。特定医療法人として承認された場合は、法人税において19％（通常は25.5％）の軽減税率が適用されます。

(前提)

軽減税率の適用は大きな税の優遇措置！

特定医療法人の承認基準の概要は次の通りです。

イ．財団又は持分の定めのない社団の医療法人であること。

ロ．理事・監事・評議員その他役員等のそれぞれに占める親族等の割合がいずれも3分の1以下であること。

ハ．設立者、役員等、社員又はこれらの親族等に対し、特別の利益を与えないこと。

ニ．寄付行為・定款に、解散に際して残余財産が国、地方公共団体又は他の医療法人（財団たる医療法人又は社団たる医療法人で持分の定めがないものに限る）に帰属する旨の定めがあること

ホ．法令に違反する事実、その帳簿書類に取引の全部又は一部を隠ぺいし、又は仮装して記録又は記載している事実その他公益に反する事実がないこと。

［厚生労働省告示で定める基準］

ヘ．a. 公益の増進に著しく寄与すること。

　　b. 社会保険診療に係る収入金額（公的な健康診査を含む）の合計額が全収入の8割を超えること。

　　c. 自費患者に対し請求する金額は、社会保険診療報酬と同一の基準により計算されるもの。

　　d. 医療診療収入は、医師、看護師等の給与、医療提供に要する費用等患者のために直接必要な経費の額に100分の150を乗じた額の範囲内であること。

ト．役職員一人につき年間の給与総額が、3,600万円を超えないこと。

チ．医療施設の規模が告示で定める基準に適合すること。
  a．40床以上（専ら皮膚泌尿器、眼科、整形外科、耳鼻いんこう科又は歯科の診療を行う病院にあっては、30床以上）
  b．救急告示病院
  c．救急診療所である旨を告示された診療所であって15床以上を有すること。
リ．各医療機関ごとに、特別の療養環境に係る病床数が当該医療施設の有する病床数の100分の30以下であること。

法人の営業経費の損金性

Q1 営業経費とはどのような費用を指すのですか？

　法人税の課税所得金額の計算は、確定した決算に基づき、税法独自の調整計算の結果算定されます。税法上「損金」とされる費用は企業会計を基に判定します。それでは企業会計における営業経費とは何を指しているのでしょうか？

　　　金融商品取引法、財務諸表等の用語、様式及び作成方法に関する規則では、会社の販売及び一般管理業務に属するものを販売費及び一般管理費としています。

解説

（1）企業会計における営業経費

　上場企業の会計は、金融商品取引法の規定に従って作成されます。財務諸表を作成するにあたっての細則は次の様に規定しています。

> **金融商品取引法**
> 「財務諸表等の用語、様式及び作成方法に関する規則」
> 第三節　販売費及び一般管理費
> （販売費及び一般管理費の範囲）
> 第八十四条　会社の販売及び一般管理業務に関して発生したすべての費用は、販売費及び一般管理費に属するものとする。

上場企業に限らず、すべての会社が準拠すべき法律が会社法ですが、会社法の規定により委任された会社の計算に関する事項を定めた法務省令である「会社計算規則」では、次の通り、損益計算書に「販売費および一般管理費」の区分を設けることを求めています。

> （損益計算書等の区分）
> 第八十八条　損益計算書等は、次に掲げる項目に区分して表示しなければならない。この場合において、各項目について細分することが適当な場合には、適当な項目に細分することができる。
> 一　売上高、二　売上原価、<u>三　販売費及び一般管理費</u>、四　営業外収益、五　営業外費用、六　特別利益、七　特別損失

会社法は、会計処理に当たっては、以下に示す通り、個別規定がない場合には「一般に公正妥当と認められる企業会計の慣行に従う」ことを求めています。結果として、会社法と金融商品取引法に基づく決算書は同様のものになると考えられます。

> 第五章　計算等
> 　第一節　会計の原則
> 　　第四百三十一条　株式会社の会計は、一般に公正妥当と認められる企業会計の慣行に従うものとする。

(2) 法人税法における営業経費

　法人税法では、青色申告を行う法人について、損益計算書に表示すべき勘定科目を明示しています。興味深いことは、企業会計においては「営業取引」「営業外取引」「特別損益」といった区分表示を求めているのに対して、法人税法では特に区分表示を求める規定を置いていないという点です。

　これは、法人税法の主たる趣旨が、「課税所得金額の計算」にあるためであると思われます。つまり、仮に、損益計算書の表示上、営業取引の「売上高」と営業外取引である「雑収入」が同じ「営業取引」の区分に表示されていても、課税所得金額の計算という目的のためには、支障がないということであると思われます。（法規別表21）

　したがって、会計上、販売費および一般管理費に計上すべき「支払手数料」を営業外費用として計上していたとしても、課税所得の計算上は、何ら支障はないことになります。

第3章　Q&A　法人の営業経費の損金性

Q2 医療法人は普通法人と税法上別な取扱いを受けるのですか？

　医療法人や社会福祉法人は、設立の要件や手続きが普通法人とは違いいろいろな要件を満たさなければなりませんが、税法上も普通法人とは異なる扱いを受けるのでしょうか？

> **A** 法人税法は、公益法人について、普通法人とは異なる取り扱い規定を設けています。収益事業についてのみ課税の対象となり、税率も低い税率が適用されます。普通法人として設立された医療法人は、一般の事業法人と同じ税法上の取扱いを受けます。

解説

　平成20年に公益法人の制度改革が行われました。従来、公益法人を設立するためには主務官庁の許認可が必要でしたが、改正により、法人格の取得と公益性の判断が分離されました。これにより、一般社団法人と一般財団法人が容易に設立することができるようになったわけです。
　内閣総理大臣または都道府県知事が認定した団体が公益社団法人であり、公益財団法人となりました。
　そこで、法人税法上の取り扱いですが、公益社団法人は、収益事業（物品販売、不動産売買・賃貸など）を行っている場合に、当該所得について法人税を納める義務があります（法法4①、5、7）。法人税率は、普通法人よりも優遇されており年間800万円以下の所得については15％、これを超える所得については23.9％が適用されます（法法66②、措法42の3の2①）。
　課税所得金額の計算（経費が損金になるか否かはこれに含まれます。）の規定は、普通法人と同じ扱いとなります。

Q3 医療法人等が計上する営業経費のうち損金不算入とされるものは何ですか？

医療法人や社会福祉法人などが運営上支出される事業関連費用は全て損金になるのでしょうか。普通法人に比べて、業法の縛りもきつく、安全管理、衛生管理、人事管理など日々緊張を伴う業務を続けていますので、経理担当としては、経費の制限があると内部の調整上煩わしく思います。

A ◆損金不算入とされる営業経費の例

法人税法では、次のような費用について、損金算入を制限していますので、留意が必要です。
① 一定の要件を満たさない役員給与
② 役員と特殊な関係にある使用人に対する過大な給与
③ 寄附金（公益活動への寄付以外に贈与も寄附金としています。）
④ 交際費
⑤ 罰科金
⑥ 租税公課

解説

役員報酬や退職金、寄附金、交際費などは課税所得金額から控除される費用です。法人税率と個人所得税率の違いや法人から個人への経済的な利益の供与に対する課税などを勘案して、法人の課税所得金額を減らそうとすると、恣意的に経費の計上額を操作することも可能です。そのような税負担の公平を損なう行為を防止する目的もあり、損金算入できる金額に制限を設けている税法の規定があります。

公益法人の場合は、収益事業に係る経費について損金算入となるか損金不算入になるかの判断が必要になります。収益事業については、普通法人と同様の業務が行われているという見地から、課税の公平を図っていることになります。

Q4 営業経費の中で損金にならない場合、全額損金にならないのですか？

全額損金にならない経費は支出をしないよう周知しなければなりません。損金に算入できる金額が決まっている経費は、使い方に気をつけたいと思いますが、簡潔に費用の取扱いを教えてください。

　主要な営業経費の損金不算入の取扱いをお示しします。

❶一定の要件を満たさない役員給与

Q5の**A**に示す給与の支給形態に該当しないものは損金不算入とされます。理事に対する賞与や事業年度の途中での月額の増額、報酬金額が過大な場合などには十分配慮が必要です。過大な役員退職金も損金不算入になります。

❷役員と特殊な関係にある使用人に対する過大な給与

特殊関係使用人に対する給与の額のうち過大な部分の金額は損金不算入とされます。

特殊関係使用人とは、役員と事実上の婚姻関係と同様の関係にある者や役員から生計の支援を受けている者を指しており、その職務内容や他の使用人の給与の額、他の病院等の給与の額などを基に、過大か否かを判断します。

❸寄附金

国や地方公共団体への寄附金、財務大臣が指定する一定の寄附金は全額損金算入されますが、それ以外の寄附金には損金算入できる限度額が定められています。

❹交際費

〈資本金１億円超の法人〉

支出交際費の全額が損金不算入です。なお、平成26年4月1

日以降開始する事業年度において支出する交際費のうち、接待飲食費の額については、その50％が損金とされることになりました。
〈資本金1億円以下の法人〉
　損金算入限度額が定められています。
　　㋑又は㋺のいずれかを選択
　　　㋑ 800万円 × $\dfrac{事業年度の月数}{12}$
　　　㋺接待飲食費の額の50％相当額
❺不正行為等による費用等
　不正行為等による費用等である罰金、科料、加算税等は損金不算入となります。
❻租税公課
　国税、地方税を問わず、所得に対して課される租税は損金不算入とされます。一方、固定資産税や消費税など資産や消費等を課税標準とする租税は損金に算入されます。

解　説

（1）一定の要件を満たさない役員給与

　詳しい解説は**Q5**の解説に記載していますので、参照してください。

　損金となる役員給与には次の3類型があります。

　❶定期同額給与（法基通9-2-13）
　❷事前確定届出給与（法基通9-2-14）
　❸利益連動給与（法基通9-2-18、9-2-19）

（2）役員と特殊な関係にある使用人に対する過大給与

　特殊関係使用人とは、役員と事実上の婚姻関係と同様の関係にある者や役員から生計の支援を受けている者を指しており、その職務内容や他の使

用人の給与の額、他の病院等の従業員の給与の額などを基に過大か否かを判断します。

(3) 寄附金

国や地方公共団体への寄附金、財務大臣が指定する一定の寄附金は全額損金になりますが、それ以外の寄附金には損金算入限度額があります。

〈一般の寄附金の損金算入限度額〉

資本または出資を有するもの	(所得基準額＋資本基準額) × $\frac{1}{2}$ 所得基準額＝所得の金額 × $\frac{2.5}{100}$ 資本基準額＝資本金等の額 × $\frac{当期の月数}{12}$ × $\frac{2.5}{1,000}$
資本または出資を有しないもの	所得の金額 × $\frac{2.5}{100}$

(4) 交際費

交際費とは医療法人等が会計処理に当たり使用した勘定科目、例えば、「福利厚生費」や「旅費交通費」といった勘定科目に関わらず、支出の目的や事実関係が「接待、供応、慰安、贈答、その他これらに類する行為にための支出」である場合、税務上の交際費として損金算入限度額を超える金額が損金不算入とされます。

交際費等の額は、資本金1億円超の法人については、損金不算入とされています。平成26年4月1日以後に開始する事業年度において支出する交際費のうち接待飲食費の額については、その50％が損金となり、50％相当額を超える金額が損金不算入となりました。

期末資本金の額が1億円以下の法人については、次のいずれかを選択できる制度に改正されています。

A. 接待飲食費の額の50％相当額を超える金額

B. 定額控除限度額

$$800\text{万円} \times \frac{\text{事業年度の月数}}{12}$$

(5) 不正行為等による費用等

　内国法人が、その所得等の計算の基礎となるべき事実の全部または一部を隠蔽し、または仮装することによりその法人税の負担を減少させ、またはさせようとする場合において生ずる損失の額は損金不算入となります。この取扱いは、法人税以外の罰金や科料、課徴金や過料についても適用されます。

(6) 租税公課

　国税、地方税を問わず、所得に対して課される租税は損金不算入とされます。一方、固定資産税や消費税など資産や消費等を課税標準とする租税は損金に算入されます。

理事等の報酬について留意すべき事項

Q5 医療法人等の非営利法人の役員給与で損金不算入とされるものはありますか？

役員に対する給与は損金にならないそうですが、医療法人をはじめとする非営利法人の役員とは、どのような役職者を指すのですか？
役員給与を損金として処理するための留意事項も教えてください。

A 非営利法人において、団体を代表し、対内的に当該法人の業務を執行する機関を理事と呼びます。医療法人や学校法人等にあっては、理事長を置いて、理事の代表として議決機関である理事会を運営しています。

一般の事業法人における、取締役が理事であり、取締役会に当たるのが理事会といえます。

また、非営利法人や団体の保有財産の監査や理事の業務執行の監査を行う機関を監事と呼びます。

法人税法第34条に、「役員給与の損金不算入」という取扱いがあり、一定の要件を満たさない役員に対する給与は損金になりませんので、注意が必要です。

解説

（1）理事、監事に対する給与の損金不算入（法法34条①一、法令69①、法基通9-2-11）

理事、監事に対する給与のうち、次の要件を充足する給与は損金になり

ますが、これらに該当しない給与は損金に算入できません。

❶定期同額給与（法基通9-2-13）

　<u>支給時期が1か月以下の一定の期間であり</u>、その事業年度内の各支給時期における支給額が同額である給与を指します。

　<u>あらかじめ定められた支給基準に基づいて</u>、<u>毎日、毎週、毎月のように月以下の期間を単位として</u>規則的に、反復又は継続して支給されるものをいいます。

　非常勤の理事に、年俸又は事業年度の期間の俸給を年1回又は2回、所定の時期に支給するケースなどは、たとえその支給金額が各月ごとの一定金額を基礎として算定されているとしても<u>定期同額給与には該当しません。</u>

　非常勤の理事等に対して、所定の時期に、確定額を支給する旨の定めに基づいて支給する年俸又は期間の俸給のうち、<u>次の要件を満たすものは損金となります。</u>

　（イ）　医療法人が、同族会社に該当しないこと
　（ロ）　同族会社に該当する場合、「事前確定届出給与の届出」に定めるところにより納税地の税務署長に届出をしていること

❷事前確定届出給与（法基通9-2-14）

　所定の時期に確定額を支給する旨の定めに基づいて支給する給与を指します。

> **届出に記載する事項は次の7項目です。**

　イ．事前確定届出給与の対象者の氏名及び役職名
　ロ．事前確定届出給与の支給時期及び各支給時期の支給金額
　ハ．理事会等の決議によりロ．の内容を決定した年月日と決定機関
　ニ．事前確定届出給与に係る職務の執行を開始する日
　ホ．事前確定届出給与につき定期同額給与による支給としない理由及びその事前確定届出給与の支給時期をロ．とした理由

ヘ．事業年度開始の日の属する会計期間において事前確定届出給与対象者に対して事前確定届出給与と事前確定届出給与以外の給与とを支給する場合のその事前確定届出給与以外の給与の支給時期及び各支給時期における支給金額
ト．その他参考となるべき事項

届出の時期は次の通りです。

区分	届出の時期
①理事会等における決議により理事等の職務につき所定の時期に確定額を支給する旨を定めた場合	次のうちいずれか早い日 a. その決議をした日（その日が職務執行開始日後である場合には、職務執行開始日）から1月を経過する日 b. 事業年度開始の日の属する会計期間開始の日から4月を経過する日
②新たに設立した医療法人がその理事等の、その設立の時に開始する職務につき所定の時期に確定額を支給する旨を定めた場合	その設立の日以後2月を経過する日
③臨時改定事由により新たに事前確定届出給与の定めをした場合	①の届出期限（②に該当する場合は、②の届出期限）と臨時改定事由が生じた日から1月を経過する日とのうちいずれか遅い日

　事前確定届出給与は、所定の時期に確定額を支給する旨の定めに基づいて支給される給与をいうのであるから、<u>納税地の税務署長に届け出た支給額と実際の支給額が異なる場合には、事前確定届出給与に該当しないこと</u>となり、原則として、その支給額の全額が損金不算入となります。

❸利益連動給与（法基通9-2-18、9-2-19）
　<u>同族会社に該当しない法人</u>が、業務執行役員に対して支給する利益に関する指標を基礎として算定される給与をいいます。

利益連動給与については、客観的な算定方法の開示を求めています。業務執行役員ごとに、次の事項を開示しなければなりません。
　（イ）　その利益連動給与の算定の基礎となる利益に関する指標
　（ロ）　支給の限度としている確定額
　（ハ）　客観的な算定方法の内容
　　　　留意すべきことは、「確定額を限度としている算定方法」とは、その支給額の上限が具体的な金額をもって定められていることをいうので、例えば、「経常利益の額の10％を限度として支給する。」といった定め方は、該当しません。

(2) 非営利法人等の役員

　「役員給与の損金不算入」の取扱いにおける「役員」とはだれを指すかが大変重要です。
　税法の定義では次の様に規定しています。
　「役員　法人の取締役、執行役、会計参与、監査役、理事、監事及び清算人並びにこれら以外の者で法人の経営に従事している者のうち政令で定めるものをいう。」
　理事、監事が明示されていますが、「法人の経営に従事している者のうち政令で定めるもの」が気になります。
　政令では、次の者を役員の範囲に含めていますので、注意が必要です。
　① 「使用人以外の者でその法人の経営に従事しているもの」には、相談役、顧問 その他これらに類する者でその法人内における地位、その行う職務等からみて他の役員と同様に実質的に法人の経営に従事していると認められるものが含まれます。
　② 同族会社の使用人（職制上使用人としての地位のみを有する者に限ります。）のうち、一定の出資割合等を有する者で、その会社の経営に従事しているもの

Q6 理事長の給与を月額1,200万円としても問題はないですか？

医療法人の事務長ですが、老人医療の拡充が進み、病床を増床するとともに、医師、看護師の増員も行ってきました。自治体への対応や金融機関との調整など、各方面で尽力している理事長の給与を来年1月から1,200万円にしたいと検討しています。留意すべき事項はどのようなことですか？

> **A** 理事長は法人税法上の役員に当たります。役員に対する給与は、会計上事業経費として損益計算書に計上されますが、法人税法上は一定の制限のもとで損金算入が認められています。
> 　法人税法34条（過大な役員報酬等の損金不算入）の取扱いに留意が必要です。

解説

（1）役員報酬の金額が過大であるか否かの判定基準

❶社員総会や理事会の決議等の基準に合致すること

　医療法人の理事等の給与の額は、<u>社員総会</u>において理事全員の年間給与総額を決定し、個別の理事等に対する給与の額は<u>理事会</u>において決定するといった方法を採用しているものと思われます。

　理事長の給与月額を1,200万円とすることが、組織決定されていることが第一要件となります。

❷当該理事長の業務に対して月額1,200万円の給与が妥当であること

　法人税法第34条では、実質的な判断基準として次の判断基準を示しています。

（イ）当該理事の職務の内容
（ロ）医療法人の収益等の状況
（ハ）医療法人の医師等の従事員に対する給与の状況
（ニ）近隣の医療法人で類似する規模等の医療法人における理事長に対する給与の額の状況

過大役員報酬に当たるか否かは、極めて個別性がある問題です。

法人税法施行令（過大な役員給与の額）
第七十条　……（役員給与の損金不算入）に規定する政令で定める金額は、次に掲げる金額の合計額とする。
一　次に掲げる金額のうちいずれか多い金額
　イ　……その役員に対して支給した給与（……退職給与以外のもの……）の額が、当該役員の職務の内容、その内国法人の収益及びその使用人に対する給与の支給の状況、その内国法人と同種の事業を営む法人でその事業規模が類似するものの役員に対する給与の支給の状況等に照らし、当該役員の職務に対する対価として相当であると認められる金額を超える場合におけるその超える部分の金額
　ロ　定款の規定又は株主総会、社員総会若しくはこれらに準ずるものの決議により役員に対する給与として支給することができる金銭の額の限度額若しくは算定方法又は金銭以外の資産の内容を定めている内国法人が、各事業年度においてその役員に対して支給した給与の額の合計額が当該事業年度に係る当該限度額及び当該算定方法により算定された金額並びに当該支給対象資産の支給の時における価額に相当する金額の合計額を超える場合におけるその超える部分の金額

医療法人・介護事業、公益法人の交際費

Q7 交際費の損金算入の課否判定の時期は接待等の行為があった日でいいですか？

　医療法人である当社は、12月の決算期末まで1か月となった時期に、交際費の損金算入限度額を試算したところ、既に限度額を超えて損金不算入額が多額に発生していることが分かりました。

　院長が、12月初旬に、地域の医療機関の院長会が主催したシンガポールの医療事情視察名目の観光を主とした旅行に参加します。参加費用を、仮払金として処理し、来期に交際費に振り替えたいと考えています。

　税務上問題はないでしょうか？

> **A** 医療機関であっても、介護事業や公益法人であっても、交際費の損金算入に関する法令の取扱いは、同じであり、その解釈についても同じ租税特別措置法通達が適用となります。
>
> 　「支出した交際費」の額に基づき、交際費の損金不算入額が計算されるわけですが、支出した事実は「接待、きょう応、慰安、贈答その他これらに類する行為のあった時」により判定されます。
>
> 　したがって、貴社が、当期において次のような会計処理を行い、
>
> 　　（仮払金）　×××　／　（現金預金）　×××
>
> 　来期、次のような振替処理をして、交際費の損金不算入額の計算を行ったとしても、この税務処理は認められないものと思われます。
>
> 　　（交際費）　×××　／　（仮払金）　×××

解説

(1) 交際費であるか否かは、支出の目的、相手、支出内容等で判断

交際費とは、交際費、接待費、機密費その他の費用で、法人が、その得意先、仕入れ先、その他事業に関係のある者等に対する接待、供応、慰安、贈答その他これらに類する行為のために支出するものをいうとされています（措法61条の4④）。

(2) 損金不算入額

交際費の損金不算入額の計算規定は、制度創設以来、度々改正が繰り返されてきました。平成26年4月1日以降に開始する事業年度において支出する交際費については、

①交際費等の額のうち、<u>接待飲食費の額</u>(注1)の50％相当額を超える金額を損金不算入とすることとされています。

②<u>期末の資本金の額が1億円以下の法人</u>(注2)については、①の接待飲食費の損金不算入額に代えて、支出交際費等の金額のうち<u>定額控除限度額</u>(注3)を超える金額を損金不算入額とすることができることとされました。

(注1) 接待飲食費
「飲食費であって、飲食その他これに類する行為のために要する費用で参加者1人当たり5,000円以下の費用」で、もっぱら法人の役員等に対する接待等のために支出する費用は除かれる。また、接待飲食費とされるためには、飲食等の年月日、参加した者の氏名及び事業関連性、人数、飲食費の額並びに飲食店等の名称と所在地を記載した書類を残さなければならない（措法61の4④二、措令37の5①）。

(注2) 期末において、一定の大法人（資本金5億円以上等）により完全に支配される関係がある普通法人は除かれる（法66⑥二、措法61の4②、令139の6の2）。

（注3）平成25年4月1日以後に開始する事業年度における「定額控除限度額」

$$\text{資本金が1億円以下の法人 800万円} \times \frac{\text{事業年度の月数}}{12}$$

資本金の額が1億円を超える法人の損金算入限度額は、
平成26年4月1日以降開始事業年度……接待飲食費の50％相当額
平成26年3月31日以前に開始した事業年度……支出交際費の額が損金不算入

（3）未払交際費や前払交際費の税務処理

　質問事例は、仮払経理を行うことで、交際費の損金不算入額の限度計算の対象年度を当期から来期に移転することの可否の問題でしたが、同様の問題は、既に請求書が届いている交際費について、支払い時点まで会計処理を行わない場合にも発生します。

【費用の発生と書類の発行】

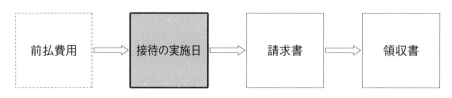

　交際費の支出の帰属時期の判定は次の通達が解釈指針となっています。
　措置法第61条の4第1項に規定する各事業年度において支出した交際費等とは、交際費等の支出の事実があったものをいいますので、次の点に留意しましょう。
①取得価額に含まれている交際費等で、当該事業年度の損金にの額に算入されていないものであっても、支出の事実があった事業年度の交際費等に算入するものとする。

②交際費等の支出の事実のあったときとは、接待、きょう応、慰安、贈答その他これらに類する行為のあったときをいいますので、これらに要した費用につき仮払い又は未払い等の経理をしているといないとを問いません。（措通61の4（1）-24）

第3章　Q&A　法人の営業経費の損金性

Q8 交際費の支払いを肩代わりすると何か問題はありますか？

　医療法人である当社は、業務の円滑な運営のため日頃から良好な関係を維持すべき関係先である、他の医療機関、大学病院、検査機関、行政手続関連者、金融機関等の幹部を招いて、歌舞伎の観劇会を行い、引き続き夕食会を行う企画を立てました。当院が医療用具を仕入れている仕入先が、ここ数年の取引高の急増のお礼にと、観劇会の費用を全額仕入先が負担するとの申し出をしてきました。
　税務上の問題は生じないのでしょうか？

> **A** 事業に関係がある者を観劇に招待する費用は、交際費に該当します。医療用具の納入先、すなわち得意先である貴社に対して、仕入先である医療用具販売会社が、交際費の全額を肩代わりするとの申し出です。
> 　通達に示された解釈指針では、接待の主体である貴社の交際費ではなく、当該費用を負担した医療用具会社の交際費とされるものと解されます。

解説

（1）得意先、仕入れ先その他事業に関係のある者の接待

　相談事例の関係先である、他の医療機関、大学病院、検査機関、行政手続関連者、金融機関等の幹部は、医療用具会社の関係先ではなく、貴社の関係先です。したがって、貴社が接待を行い、その費用を負担すれば、貴社の交際費となりごく自然な処理となります。
　本件では、貴社の仕入先である医療用具販売会社が、医療用具の納入取引への謝礼の意味で、貴社が支出を予定している接待費用を肩代わりした

いとの申し出です。

一見、業務上直接関係がない者に対しての接待費用の負担は、寄附金と認定されるのではないかとの懸念が脳裏をよぎります。しかし、得意先である病院の関係先である他の医療機関、大学病院、検査機関、行政手続関連者、金融機関等の幹部は、病院が業績を上げるために尽力してくれた者であるという意味では、間接的な関係者と位置づけられます。税法は、このようなケースも交際費の対象として想定していることが、租税特別措置法通達の中の取扱いに見受けられます。

次のような費用は、原則として交際費等の金額に含まれます。
① 得意先、仕入先その他事業に関係のある者（製造業者又はその卸売業者と直接関係のないその製造業者の製品又はその卸売業者の扱う商品を取り扱う販売業者を含む。）等を旅行、観劇等に招待する費用（卸売業者が製造業者又は他の卸売業者から受け入れる②の負担額に相当する金額を除く。）
② 製造業者又は卸売業者がその製品又は商品の卸売業者に対し、当該卸売業者が小売業者等を旅行、観劇等に招待する費用の全部又は一部を負担した場合のその負担額（措通61の4（1）-15）

【想定される会計処理】
　◆交際費の請求書、領収書が病院あての場合
《病院》
　　　　　（交際費）　×××　／　（現金預金）　×××
　　　　　（現金預金）×××　／　（交際費）　　×××
《医療用具会社》
　　　　　（交際費）　×××　／　（現金預金）　×××

◆交際費の請求書、領収書が医療用具会社あての場合

《医療用具会社》

　　　　　（交際費）　×××　／　（現金預金）　×××

租税公課

Q9 税金には損金になるものと損金不算入のものがあるのですか？

「租税公課」という勘定科目で処理される税金等には、損金になるものと損金不算入のものがあるそうですね？

◆損金不算入とされる租税公課の例
① 法人税（その付帯税を除く。）の額及び地方法人税（その付帯税を除く。）
② 代表者又は管理者の定めのある人格のない社団又は財団、持ち分の定めのない法人が遺贈又は贈与により受けた財産について課された相続税又は贈与税
③ 地方税である都道府県民税及び市町村民税（退職年金等積立金に対する法人税に係るものを除く。）
④ 国税に係る延滞税、過少申告加算税、無申告加算税、不納付加算税及び重加算税並びに印紙税の過怠税
⑤ 罰金及び科料　等

解説

（1）損金不算入とされる租税公課（法法 38、39、55）

損金不算入とされる租税公課には、損金不算入とするいくつかの理由があります。税制を作り上げる過程で行われた議論の一端をご紹介します。

① 法人税は「課税所得の平準化」のために損金としません。

(例)

Aという会社のN年、N＋1年、N＋2年、N＋3年、N＋4年の収益の額を1000とします。法人税率は30%とします。法人税を損金とした場合の「課税所得金額」の推移を示した表が【表1】で、法人税を損金不算入とした場合の「課税所得金額」の推移を示した表が【表2】です。

【表1】

年度	N年	N＋1年	N＋2年	N＋3年	N＋4
年収益の額	100	100	100	100	100
所得（法人税控除後）	100	70	79	76.3	77.1
法人税額	30	21	23.7	22.9	23.1

【表2】

年度	N年	N＋1年	N＋2年	N＋3年	N＋4
収益の額	100	100	100	100	100
所得	100	100	100	100	100
法人税額	30	30	30	30	30

　法人に対して科された罰金、科料又は過料は損金不算入とされます。科される罰科金の制裁的な効果を減殺させないための政策的な規定です。どのようなものがこれに当たるかというと、刑法上の罰金（刑法15）及び科料（刑法17）を指しますが、その他法令に違反した場合に科される各法令に基づく罰金もこれに該当します。過料とは、行政上の一定の手続きに違反した場合に課されるものです。

理事や社員の子息の学資金

Q10 理事長の長男の学資金を医療法人が負担してもいいですか？

医療法人事務長ですが、院長の年齢が民間企業の定年の世代に近づきましたので、後継者育成のため、理事長である院長の長男に家庭教師をつけて、医大に進学させ、当医療法人の次期理事長候補としたいと考えています。学資金を法人の経費としてよいですか？

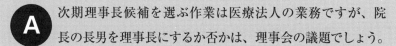

次期理事長候補を選ぶ作業は医療法人の業務ですが、院長の長男を理事長にするか否かは、理事会の議題でしょう。理事長の長男に家庭教師をつけるかどうか医大に進学させるかどうかは、院長の個人的な問題ですから、その学資金も院長が個人で負担すべきものです。

解説

理事や社員に、本来本人が負担すべき学資金を、医療法人が支給する場合には、原則としてすべて当該対象者に対する給与として課税されます。

一方、例えば、新聞育英奨学生のように、公募により採用された使用人等の学費を法人や事業主が負担した場合で、負担額が適正なもので、特定の役員又は使用者である個人の親族のみをその対象とするものでない場合には給与課税から除外されています。

根拠とされる通達は次の通りです。

> （通常の給与に加算して受ける学資に充てるため給付される金品）
> 9-14　法第9条第1項第15号の規定の適用において、学資に充てるため給付される金品（以下9-16までにおいて「学資金」という。）で、給与その他対価の性質を有するもののうち、給与所得を有する者がその使用者から受けるものについて非課税となるのは、通常の給与に加算して受けるものに限られるのであるから、同号イからニまでに掲げる場合に該当しない給付であっても、通常の給与に代えて給付されるものは、非課税とならないことに留意する。

　平成28年度の税制改正では、所得税法第9条1項15号の非課税所得である学資金の規定から「給与所得者がその使用者から受けるもので、通常の給与に加算して受けるもの」が除かれることとなりました。

　この改正の背景には、地方公共団体が地域の医師確保対策として、医学生等に対して修学資金を貸与し、医学生が卒業後一定期間、その地方公共団体が指定する医療機関に勤務した場合に、修学資金を免除する制度の取扱いがありました。

　地方自治体が設置主体である医療機関に勤務する医師が、その地方自治体から修学等資金の返還免除を受けた場合に、その経済的利益について給与課税を受ける懸念があった点について、給与所得者である（医師）が、使用者（地方公共団体）から受けるもので、通常の給与に加算して受けるものは非課税とすることが明示されました。一般的には、企業が卒業後の勤務を条件として学生に奨学金を貸与し、一定期間勤務した後に奨学金の返還を免除した場合等にも適用されます。

　「日本医師会」と「厚生労働省」からは、次のような文書が出ています。

年税第 62 号
平成 27 年 12 月 24 日

都道府県医師会
　　担当理事　殿

日本医師会常任理事
今　村　定　臣

地方公共団体が医学生等に貸与した修学等資金に係る
債務免除益の非課税措置について（周知依頼）

　今般、厚生労働省医政局地域医療計画課より、別添の通り、地方公共団体が医学生等に貸与した修学等資金に係る債務免除益の非課税措置についての周知の協力依頼がありましたので、貴会会員各位に周知方お願い申し上げます。

　なお、本会は、医学生修学金の返還免除益が給与所得として課税される問題について、平成 24 年度税制要望で取り上げ、その結果、都道府県が実施している医学生修学金等の返還免除益については、その多くが勤務先を複数の選択肢から選ぶことから、給与所得として課税されないことが確認されました。しかし、市町村などが実施する医学生修学金等においては、勤務先の選択肢が当該市町村立の医療機関しかない例が多いため、課税されてしまうという問題点が引き続き残されていたことから、市町村が実施する医学生修学金についても非課税措置を講じるよう、引き続き税制要望として取り上げました。その結果、平成 28 年度税制改正大綱において、上記の非課税措置が講じられることとなりました。

　ただし、上記の非課税措置は、平成 28 年 4 月 1 日以後に返還免除

分について適用され、平成 28 年 3 月 31 日までに返還免除を受けた分につきましては従来通り課税される可能性がありますので、ご留意ください。

（別添）

平成 27 年 12 月 17 日

事 務 連 絡

公益社団法人　日本医師会　御中

厚生労働省医政局地域医療計画課

地方公共団体が医学生等に貸与した修学等資金に係る債務免除益の
非課税措置について（周知依頼）

　平素より厚生労働行政に格別の御高配を賜り、厚く御礼申し上げます。平成 27 年 12 月 16 日に決定された与党の平成 28 年度税制改正大綱において、厚生労働省から要望しておりました「地方公共団体が医学生等に貸与した修学等資金に係る債務免除益の非課税措置」に関し、非課税所得となる学資金の範囲の見直しが明記されており、今後、所得税法の改正が行われた上で、平成 28 年 4 月 1 日から適用される予定となっております（別添1、別添2）。貴会におかれましては、本改正が予定されていることを御了知いただくとともに、本改正による非課税の取扱いは、平成 28 年 4 月 1 日以後の債務免除分について適用され、平成 28 年 3 月 31 日以前の債務免除分につきましては従来どおりの取扱いである旨を貴会員等に対し周知をお願いいたします。

理事や社員の子息の学資金

> 法人税法9条1項
> 十五　学資に充てるため給付される金品（給与その他対価の性質を有するもの（給与所得を有する者がその使用者から受けるものにあっては、通常の給与に加算して受けるものであつて、**次に掲げる場合に該当するもの以外のものを除く。**）を除く。）及び扶養義務者相互間において扶養義務を履行するため給付される金品
> イ　法人である使用者から**当該法人の役員**（法人税法第二条第十五号（定義）に規定する役員をいう。ロにおいて同じ。）**の学資に充てるため給付する場合**
> ロ　法人である使用者から当該法人の**使用人**（当該法人の役員を含む。）**の配偶者その他の当該使用人と政令で定める特別の関係がある者の学資**に充てるため給付する場合
> ハ　個人である使用者から当該個人の営む事業に従事する**当該個人の配偶者その他の親族**（当該個人と生計を一にする者を除く。）**の学資に充てるため給付する場合**
> ニ　個人である使用者から**当該個人の使用人**（当該個人の営む事業に従事する当該個人の配偶者その他の親族を含む。）**の配偶者その他の当該使用人と政令で定める特別の関係がある者**（当該個人と生計を一にする当該個人の配偶者その他の親族に該当する者を除く。）**の学資に充てるため給付する場合**

　法人税法9条1項15号では、「次の場合に該当するものを除く」の括弧書きを除くとしていますので、「含む」すなわち非課税となると解されます。これを図解すると次のようなイメージになります。

【使用者が法人の場合】

①

②
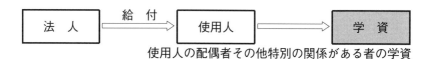
使用人の配偶者その他特別の関係がある者の学資

【使用者が個人の場合】

①
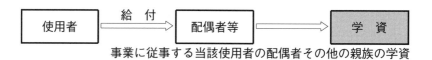
事業に従事する当該使用者の配偶者その他の親族の学資

②
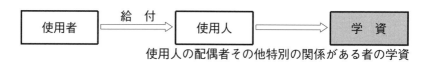
使用人の配偶者その他特別の関係がある者の学資

(使用人等に給付される学資金)

9-15　学資金のうち、法第9条第1項第15号イからニまでに規定する給付(同号ロ及びニに規定する給付にあっては、それぞれ同号ロ及びニに規定する特別の関係がある者に直接支払われるものを含む。)は、原則として、給与所得を有する者に対する給与に該当するのであるから、当該給与所得を有する者に対する給与等(法第28条第1項《給与所得》に規定する給与等をいう。9-17において同じ。)として課税することに留意する。

(特別の関係がある者が使用人である場合の取扱い)

9-16　学資金の給付を受ける者が、法第9条第1項第15号ロ又はニに規定する特別の関係がある者であり、かつ、当該給付をする者の使用人(同号イに規定する役員又は同号ハに規定する親族を除く。)である場合には、当該給付が<u>当該特別の関係がある者のみを対象としているときを除き</u>、当該給付は同号ロ又はニに規定する給付には該当しないものとして取り扱って差し支えない。

Q11 医院経営者の医大生である息子夫婦に支払った給与

医院経営者が医大に通う息子夫婦に支払った給与が経費になるか否かが争われた裁例があるそうですが、その争点と司法判断を教えてください。

徳島地裁昭和62年（行ウ）第6号　平成元年10月27日判決言い渡し個人で病院を経営する医師の、所得税申告上の必要経費について、次のような個人的経費が損金として控除できないとされた事例。
① 大学で医学の研究を行う息子夫婦への給与
② 配偶者に対する青色専従者給与の一部
③ 長男の住居の減価償却費等
④ 銀行借入のための生命保険料

解 説

原告は、病院を経営する医師です。

①勤務実態のない給与の否認

次男夫婦は大学の医学部を卒業し、大学の医学研究室に研究生として通いながら、いくつかの病院に非常勤医師として勤務していました。父親の病院に勤務していないにもかかわらず、同病院から給与が支出されている事実が判明し、損金性が否認されました。

②青色専従者給与の一部否認

院長の妻に対して多額の専従者給与が支払われていましたがその労務の対価として相当と認められる金額を超える金額が必要経費に当らないとして否認されました。

③長男が居住する院長住宅の経費の否認

　院長が、長男家族の居住用に新築した院長住宅の経費は事業用資産であると認められないため、減価償却費等の関連経費の損金性が否認されました。

④生命保険料の経費否認

　院長が病院建設資金の借入れのため銀行の勧めで多額の生命保険に加入しました。契約者は院長で、保険金受取人は院長の妻でした。本件生命保険料は、院長の業務の遂行上必要な費用とは認められないとして、損金性が否認されました。

■著者紹介

佐藤 謙一（さとう けんいち）

法政大学経営学部卒、筑波大学大学院ビジネス科学研究科企業法学専攻（博士前期課程）修了。昭和53年東京国税局入局。課税第一部審理課課長補佐、同国税訟務官室国税訟務官、税務大学校研究部教授、税務相談室主任相談官（審理担当）、鎌倉税務署長。平成27年佐藤謙一税理士事務所開設。平成27年國學院大學大学院講師、同28年國學院大學特任教授、同年聖学院大学大学院講師。

〔主な著作〕

「白色申告に対する更正の理由附記をめぐる諸問題―所得税に係る不利益処分等を中心として」（日税研懸賞論文）、「国税通則法65条4項「正当な理由」を巡る問題点―裁判例の分析を通して（税務大学校論叢53号）、『図解 国税通則法』（平成22、23、25～28年版）（共著、大蔵財務協会）、『現代裁判法大系29 税務訴訟』（共著、新日本法規）等

遠藤 克博（えんどう かつひろ）

東北大学経済学部卒業後、昭和53年東京国税局入局、国税庁調査課からロンドン長期出張、移転価格事前確認審査担当専門官、国際調査課課長補佐、税務大学校研究部教授、主任国際税務専門官。平成20年遠藤克博税理士事務所開設。平成21年ローランド ディー．ジー．㈱社外監査役（平成28年社外取締役）、平成23年千代田インテグレ㈱社外監査役、平成27年明治海運㈱社外監査役、青山学院大学大学院客員教授。

〔主な著作〕

「パススルーエンティティをめぐる国際課税問題」（日税研懸賞論文）、「移転価格税制と寄附金課税」（税務大学校論叢33号）、『Q&A 外国法人所得課税の実務』（清文社）、『〔詳解〕国際税務』（共著、清文社）、『海外進出企業のための税務調査対応と文書化の実務』（大蔵財務協会）等

Q&A 事例にみる医療・介護事業者の『営業経費』の税務判断	

2017年2月3日　発行

著　者　　佐藤　謙一／遠藤　克博 ©

発行者　　小泉　定裕

発行所　　株式会社 清文社
　　　　　東京都千代田区内神田1-6-6　（MIFビル）
　　　　　〒101-0047　電話03(6273)7946　FAX 03(3518)0299
　　　　　大阪市北区天神橋2丁目北2-6　（大和南森町ビル）
　　　　　〒530-0041　電話06(6135)4050　FAX 06(6135)4059
　　　　　URL http://www.skattsei.co.jp/

印刷：亜細亜印刷㈱

■著作権法により無断複写複製は禁止されています。落丁本・乱丁本はお取り替えします。
■本書の内容に関するお問い合わせは編集部までFAX（03-3518-8864）でお願いします。

ISBN978-4-433-63576-3